中国梦 教育读本

ZHONGGUOMENG JIAOYU DUBEN

刘勇 李春雨 主编

北京师范大学出版集团
安徽大学出版社

图书在版编目(CIP)数据

中国梦教育读本/刘勇,李春雨主编.—合肥:安徽大学出版社,2015.9
(2016.10 重印)
　ISBN 978-7-5664-1015-3

Ⅰ.①中… Ⅱ.①刘… ②李… Ⅲ.①爱国主义教育－中国－通俗读物
Ⅳ.①D647-49

中国版本图书馆 CIP 数据核字(2015)第 216127 号

出版发行	北京师范大学出版集团
	安 徽 大 学 出 版 社
	(安徽省合肥市肥西路 3 号 邮编 230039)
	www.bnupg.com.cn
	www.ahupress.com.cn
印　　刷	合肥远东印务有限责任公司
经　　销	全国新华书店
开　　本	170mm×230mm
印　　张	11
字　　数	106 千字
版　　次	2015 年 9 月第 1 版
印　　次	2016 年 10 月第 2 次印刷
定　　价	25.00 元

ISBN 978-7-5664-1015-3

策划编辑	赵月华	钟　蕾		装帧设计	李　军
责任编辑	王先斌	李海妹	汪迎冬　刘金凤	美术编辑	李　军
责任校对	程中业			责任印制	赵明炎

版权所有　侵权必究

反盗版、侵权举报电话:0551－65106311
外埠邮购电话:0551－65107716
本书如有印装质量问题,请与印制管理部联系调换。
印制管理部电话:0551－65106311

目录

英雄史诗诵千年 // 1

民族的骄傲 // 13

因材施教，循循善诱 // 19

异国再续支教梦 // 27

文成结缔唐蕃谊 // 32

划粥断齑忧天下 // 37

华侨故乡寻故梦 // 44

实现祖国航天梦 // 49

闹中读出清静心 // 58

农村改革先锋 // 66

宁愿西行一步死 // 75

弃文学理为救国 // 82

举家食粥著"红楼" // 88

"险"处好读书 // 94

环保卫士护青山 // 102

炎黄赤子"黄河"梦 // 107

"两弹一星"元勋 // 116

32年援疆教育梦 // 123

红旗渠精神在延续 // 130

西藏盲童的光明使者 // 138

"中国人永恒的骄傲" // 145

孕育"神舟"的戚发轫 // 151

落榜"落"不下梦想 // 158

杂技演绎不了情 // 165

英雄史诗诵千年

我国是个多民族国家。在历史发展的长河中,每个民族都有杰出人物出现。他们都热爱自己的人民和家园,甘愿流尽最后一滴鲜血,不屈不挠地战斗,为本民族的昌盛作出过巨大的贡献。人们怀念自己的英雄,把他们的事迹编成故事,代代相传。这些故事被后人称作"英雄史诗",其中最有名的就是蒙古族史诗《江格尔》、藏族史诗《格萨尔》、柯尔克孜族史诗《玛纳斯》。

《江格尔》是在我国蒙古族同胞中传唱千年的英雄史诗。江格尔是蒙古族最伟大的英雄。在古老的传说中,江格尔是奔巴地方首领乌宗·阿拉达尔汗之子。两岁时,小江格尔跟随父母一起出行。日落时分,就在一家三口休息的时候,一个面目狰狞的妖魔突然向他们扑来。"快走!"

父亲对小江格尔吼道。父母尽力抵挡着妖魔。小江格尔跟跟跄跄地跑着,躲入一个既深又黑的洞窟。他在洞窟中躲了一夜,浑身冰凉,瑟瑟发抖。第二天天亮,江格尔走出洞窟,回到草原。他大声地呼喊着,疯狂地寻找着,但是慈爱的父母再也没有出现,草原上只有风吹拂过大地的声音。

有一位善良的牧人收养了江格尔。传说中,江格尔具有超常的智慧、高尚的品德、惊人的体力和高超的武艺。从七岁开始,江格尔就身跨烈马,手提镶满宝石的长刀,开始了自己的英雄生涯。他兼并了附近四十二个部落。江格尔战无不胜,到处都可听说他英勇善战的事迹。无论男女老幼,凡是见过江格尔的人,都说他就是真正的草原之神。很快,江格尔征服了草原,被臣民们推举为可汗。为了保护家园,以江格尔为首领的勇士们用他们超人的智慧和才能,不断击败入侵的部落,逐渐扩大了领地,建立起以奔巴为核心的美好家园。这片土地四季如春、牛欢马腾、美酒飘香,人们过上丰衣足食、相亲相爱的美好生活。

青藏高原草木茂盛、白云悠悠,人们特别乐意听说书艺人吟唱著名的藏族英雄史诗《格萨尔》。格萨尔是青藏高原的大英雄。在传说里,他是天神之子。为了把吉祥与和平带到人间,他降临人世,然后征战四方,打败了所有横

行人间的妖魔鬼怪,最后功德圆满,重回天界。在西藏,格萨尔的故事流传了近千年。它是西藏人民对先民英雄事迹的赞颂,表达了人们对幸福生活的向往。

格萨尔的故事太多了,像一串串珍珠流泻在青藏高原上。青藏高原的每一块土地上都有与他有关的圣迹。有个叫"俄支"的地方,是以格萨尔麾下大臣之子的宝刀命名的。在甘孜的乃龙神山,格萨尔曾派出三十员大将在那儿练兵。格萨尔的战马留下的蹄印,至今仍印在巴塘当金则然神山的一块岩石上。格萨尔的神剑劈下,留下了一道深沟。

在离甘孜不远的地方,有个小小的村落叫"吉绒龙席岭村"。村子东南面有座山,坐北朝南,形状像一只海螺,人们就叫它"海螺山"。海螺山两侧有两湾清澈的泉水,左边的泉水叫"寿福泉",据说能治百病;右边的泉水叫"则曲泉",据说能消除人的罪愆。山上还有一个历代高僧闭关修行的山洞。

不过谁也没见过这个传说中的山洞,更别提什么高僧了。那时,天下即将清平,格萨尔征战四方几十年,降妖伏魔,降服了大大小小一百五十多个部落,马上就能将岭国统一。他战绩辉煌,战无不胜,降服了入侵岭国的北方妖魔,战胜了姜国的萨丹王、门域的辛赤王、大食的诺尔王、卡切松耳石的赤丹王,给青藏高原带来了光明。和所有的

藏族人一样，吉绒龙席岭村的人们也很熟悉这位英雄的事迹。一旦有说书艺人经过村子，村民就会拦下他，用最好的酒招待他，向他献上洁白的哈达，央求他说："快来讲讲格萨尔的新故事吧，您一定比谁知道得都多。"

说书艺人坐下来，戴上哈达，喝了酒，等人们都聚拢在篝火边时，才取出牛角琴边弹边唱："雪山老狮要远走，是小狮的爪牙快变得锋利了。十五的月亮将西沉，是东方的太阳快升起来了。""可不是吗，格萨尔就是我们藏民的太阳！"村民们兴奋地议论着。说书艺人摸着胡须哈哈大笑："格萨尔这一次击败的敌人，比以前都要可怕！让我喝一口酒，再跟你们细细说来。"

太阳落下又升起。又过去了几十个昼夜，村里的小孩子们开始不安分了，闹着要听格萨尔的新故事。这一下，村民才想起来，已经有好长时间没看到说书艺人了。有人骑着马到邻近村落打听，那里的人们告诉他，说书艺人确实好久没有出现，他们也很久没听到格萨尔的事迹了。天下的妖魔还没除净，格萨尔去哪儿了？人们的眉头紧锁，脸上带着愁苦的表情。飘香的青稞酒没人喝了，晚上明月高悬的时候，锅庄舞也没人跳了。

听不到格萨尔的故事，吉绒龙席岭村却多了个年轻喇嘛。谁也不知道这个喇嘛是什么来头。据见过他的人说，他看起来年轻英俊，见了人不多话。有人问他，他自称是

东方一座寺庙的喇嘛,一路走到这里,见海螺山风景秀丽,就决定在山上修行。藏族人信仰佛教,对修行的僧侣十分尊敬。村民听他这样说,也就不再多问。有时候人们在山下碰见他,就把自家的食物满满地装几袋要他拿着。这个年轻的喇嘛总是红着脸摇头微笑。可是村民都说山上清苦,缺吃少穿还怎么修行?更何况奉养喇嘛也是平常人的福气。

平静的日子没能持续多久。过了一段时间,吉绒龙席岭村的人们听到了一个可怕的消息:西方的霍尔白帐王率兵入侵岭国,很快就要打到这里来了!霍尔白帐王为人凶狠残暴,他攻占的地方,广袤的草原成了焦土,漂亮的毡房被烧毁,成群的老百姓被抓走,没人能在他的统治下继续过安定的生活。岭国的百姓哭喊着:"我们的格萨尔为什么不来保护我们?"

有关格萨尔的流言到处传播。有人说,格萨尔看破红尘,扮成一个喇嘛出家了。吉绒龙席岭村的人们听到这个消息都很气愤,纷纷说:"别胡说八道!格萨尔才不会抛下我们不管。"

可是,眼看战火越烧越近,却始终没有格萨尔的消息。吉绒龙席岭村的人们心里很焦急,不知道是该留在村里,还是该逃亡。就在这个节骨眼上,村里来了三个外乡女人:六十多岁的婆婆和她三十多岁的女儿,带着一个未满

十岁的外孙女。"霍尔白帐王就要打到这里了,你们怎么还不走?"老婆婆问村民。"格萨尔能打败他。"有个村民抢先说。"格萨尔不会看着我们大家受苦。"另外一个村民说。

"格萨尔……已经很久没有他的消息了,你们还相信他?"中年妇女插话。"当然信!那可是我们的格萨尔!"好几个村民一起喊。老婆婆和中年妇女对视一眼,都笑了。随后她们又问村民,这附近是不是有座海螺山,山上是不是有一个高僧修行的山洞?村民们回答,山洞里是有个修行的喇嘛,可没听说过有什么高僧。这三个人听后不再言语,便向海螺山上走去。

原来,在海螺山山洞里修行的喇嘛就是格萨尔。长久以来,他一直征战四方。有一天,他忽然心生厌倦,就下定决心弃戎习禅,选中少有人知的海螺山潜心修行。而这三个人又是谁呢?她们分别是观音菩萨、文殊菩萨、金刚手菩萨的化身。她们眼看人们遭受大难,且知道格萨尔在此修行,就决定去海螺山,劝他出山从戎,扶弱抑暴。走到离山洞不远的地方,三位菩萨使用法力,看到了格萨尔正端坐在山洞里冥想。怎么办呢?三位菩萨又化身为人,外婆大声吆喝,要女儿进村讨吃的,要外孙女去小溪边打水,自己吃力地捡着石头和柴火,准备点火烧茶。没过一会儿,女儿要打外孙女,外孙女大哭,外婆颤巍巍地护着外孙女,

责备女儿："你打她干什么？你不想养,我养她！"女儿也哭了,边哭边说："妈妈,您的宝贝孙女把咱们熬汤烧水的罐子打烂了。您说,这以后的日子可怎么过？"外婆叹了一口气,骂道："霍尔白帐王率兵入侵岭国,杀咱们的百姓,烧咱们的房子,抢走咱们的王后,岭国成了一片废墟。那个徒有虚名的格萨尔吓破了胆,像只猫头鹰似的躲在山洞里。他都舍得下整个岭国和王后,外孙女打烂一个破罐子算什么？"外孙女怯怯地拉着外婆的手："外婆,您以前说格萨尔回来后,就会杀死霍尔白帐王,重建家园,让我们都过上好日子。今天您怎么说他的坏话？"外婆"呸"了一声,说："傻孩子,都说格萨尔是天神下凡,到人间来为民除害。可你看看,现在他连山洞都不敢出,还不如我一个六十多岁的老太婆。我还敢带你们去找霍尔白帐王,只要咱们三个往他的脸上唾一口口水,也算报了仇,死也瞑目了。格萨尔？哼,他现在改名换姓藏在山洞里,连面都不敢露,不信你们自己去看。"三个人刚说到这儿,忽然传来一股浑厚的声音："不用来看了,我就在这儿。"扮作喇嘛的格萨尔从山洞中走出,脸上带着羞愧的神色,说："我岭国人个个有骨气！您已经六十多岁,还有这样的勇气。我却不管百姓的死活躲在这里,有什么脸面称王？"格萨尔说完,对着三位菩萨跪拜道："感谢你们一番指点,我这就回去为百姓报仇！"

后来,人们听说格萨尔单枪匹马,一个人杀死了霍尔

白帐王,收复了领地,重新把和平和安宁带给了人民。而海螺山上那个小小的山洞,在世代的传说中,也成为与格萨尔相关的圣迹。

《玛纳斯》是我国柯尔克孜族的英雄史诗,它讲述的是一家子孙八代人的故事,史诗以第一部中的主人公名字命名。《玛纳斯》第一部情节曲折动人,流传很广。它从柯尔克孜族的族名传说和玛纳斯家族的先世唱起。在玛纳斯诞生前,统治柯尔克孜族的是一个叫作"卡勒玛克"的君王。卡勒玛克是一个残暴的入侵者,他率领军队,毁灭了柯尔克孜族人的家园,夺走了他们的牛羊马群,把他们的妻子儿女当奴隶使唤。在他的统治下,柯尔克孜族人过着暗无天日的生活,老人和孩子没有东西吃,饿死在广阔的草原上,秃鹫日夜在天空上盘旋,到处都能听见它们凄厉的哀鸣声。太阳和月亮都隐没了,不忍看见这地狱般的人间惨状。人们白天干活,晚上哭泣,只盼天上的神明派一位英雄来拯救处在水深火热中的柯尔克孜族人。

卡勒玛克呢?他天天啜饮美酒,吃鲜美的牛羊肉,勒令柯尔克孜族最杰出的艺人为他唱歌跳舞。他穷奢极欲,根本不理会柯尔克孜族人的痛苦。有人壮着胆子劝他:"陛下,柯尔克孜族人活不下去了。你伸一根手指头帮帮他们,这些人就会对你感激不尽啊。"卡勒玛克冷笑了一声,说:"活不下去?哼,这就是战败者的下场。"卡勒玛克

在宫廷中豢养了一批占卜者。有一天,资格较老的一位占卜者突然看到了一条让他心惊胆战的卜文:柯尔克孜族人中即将诞生一位英雄,这位英雄必定会推翻卡勒玛克的统治。"陛下!"占卜者把消息告诉了他,"这是上天降下的预兆,恐怕要成真啊!""能推翻我的人?我看这样的人,得在我死后一千年才能出世!"卡勒玛克哈哈大笑。沉默片刻后,他又问道:"那卜文还说了些什么?""说……说这个人生来力大无比,恐怕会推翻您的统治!"占卜者战战兢兢地说。卡勒玛克嘴角流露出不屑的笑容:"这卜文里有没有说这个人有什么特征?""说……说了,"占卜者手忙脚乱地拿出卜文,"这人出生时会有特殊的标记,他一手握血,一手握油,掌中写有玛纳斯字样。""好啊,既然如此,那就下一道命令,"卡勒玛克咬了咬牙,"现在就派人把所有怀孕的柯尔克孜族妇女都抓起来,挨个剖开肚子查看。就算有几个、十几个玛纳斯一起生出来,我也要让他们统统下地狱!"

　　因为故乡巴勒克阿尔特水源断绝,被迫搬迁到巩乃斯草原的加克普,是一个对神明有着虔诚信仰的人。在巩乃斯草原住下之后,很多年过去了,加克普因为妻子一直没有生育,被邻居和同乡人笑话成"无子无后的孤老汉"。为了能有一个儿子延续血脉,加克普更加虔诚地向苍天祈祷,并且按照柯尔克孜族的古老习俗,让妻子绮依尔迪独

自一人在密林深处居住。卡勒玛克的命令被执行,越来越多的柯尔克孜族怀孕的妇女被抓起来。残暴的士兵直接杀死她们,连一个活口也不留,腥风血雨遍布草原。与此同时,一个消息在绝望的民众中传播着:预言启示,一个叫"玛纳斯"的英雄就要降临人世,带领柯尔克孜族人推翻卡勒玛克的统治。卡勒玛克害怕他出生,才做下这种残忍的事。希望在人们的心中悄悄萌生,所有的人都尽全力保护孕妇,尽量将她们藏在不为人知的地方。"玛纳斯就要诞生了!"人们口耳相传,"等他出生,我们就能获得新生!"这个时候,加克普的妻子发现自己怀孕了。她把这个消息告诉了丈夫,加克普欣喜若狂。他不想把卡勒玛克下的命令告诉妻子,怕她害怕,只是嘱咐妻子在密林深处藏好:"你想吃什么,我去给你找!"绮依尔迪想了想,对加克普说:"我想要遨游天空、飞遍世界的凤凰眼里的油,万兽之王老虎的心脏和狮子的舌头。"加克普把妻子说的话默默记在心里,暗中找到族里最出色的猎人,用高价向他换回了这些食物。绮依尔迪吃了后,舒服极了,体格也变得强壮起来。

时间一天天地过去,绮依尔迪要分娩了,她折腾了整整十五天,孩子才落地。但是,当加克普和妻子看到他们的孩子时,都吓坏了——原来绮依尔迪生下的是一个青色的肉囊。加克普毫无办法,左思右想,只好回到族中,请来

了智慧超群的老人阿克巴勒塔。老人看到这个肉囊，沉思片刻，从怀里拿出一个金戒指，小心翼翼地用它划开了肉囊，一个婴孩从里面跳出来。当时的情景被记录在《玛纳斯》中，歌谣是这样唱的："神勇的男孩从里面出来，看上去足有九岁孩子的模样。"人们争相查看孩子的手掌，发现他右掌中握着油，左掌中握着血。这男孩正是玛纳斯。

这就是英雄玛纳斯横空出世的故事，是史诗《玛纳斯》的开端。玛纳斯出生后，在少年时代就显出了非凡的气势。他有白虎般的气质，有巨龙般的威严。从他的头顶向下看，他有阿勒普卡拉神鸟的神气，一声怒吼，声音超过四十一只雄狮的吼叫。他从小跟随普通劳动者生活，目睹族人所受的苦难，这一切让他对入侵者充满仇恨。成年之后的玛纳斯开始率领族人征战南北。当他出征时，两只猛虎陪伴左右，粗壮的大蟒蛇缠绕在腰际，神鹰在头顶上盘旋，战马奔腾扬起遮天蔽日的尘埃。玛纳斯团结了来自四面八方的勇士，联合附近被压迫的部族，连年征战，终于推翻了卡勒玛克的统治，将四散的柯尔克孜族人统一在一起，带领他们过上了幸福的生活。从此之后，玛纳斯的故事被人们世世代代传唱。柯尔克孜族人民从《玛纳斯》中汲取祖先的力量，努力追寻幸福的生活。

知识链接

荷马史诗 荷马史诗是古希腊盲诗人荷马创作的两部长篇史诗《伊利亚特》和《奥德赛》的统称。《伊利亚特》和《奥德赛》各有二十四卷,分别讲述了在特洛伊战争中阿喀琉斯与阿伽门农之间的争端、特洛伊沦陷后奥德修斯返回故土的故事。荷马史诗是研究公元前11世纪到公元前9世纪的社会情形和迈锡尼文明的重要史料,具有重要的历史、社会、文学艺术价值。

❋ ❋ ❋

一根木头棒搭不起毡房,百根木棒能搭起大毡房。

——柯尔克孜族谚语

民族的骄傲

在浩瀚的夜空里有一颗小行星——月球。在月球上面有一座环形山,是以我国古代一位科学家的名字来命名的,这位科学家就是祖冲之。他是我国南北朝时期南朝的科学家。祖冲之一生在数学、天文学方面取得了巨大的成就,是世界上第一位将圆周率值计算到小数点后第七位的数学家。他编制的《大明历》考虑到了岁差问题的计算,得出日月运行周期的数据比当时的其他历法更为准确。

祖冲之小的时候,老是觉得老师说的"圆周是直径的3倍"这话不对。一天,他拿着妈妈的一根绳子,跑到村头的路旁,量马车的车轮。祖冲之用绳子把车轮的周长量了一下,又去量车轮的直径。量来量去,他总觉得车轮的直径没有车轮周长的三分之一长。祖冲之一连量了好几辆

马车车轮的直径和周长,得出的结论都是一样的。这究竟是为什么呢?这个问题一直困扰着他。他决心解开这个谜。

长大后,祖冲之在华林学省(专门进行学术研究的官署)工作。有一天,祖冲之在家看刘徽为《九章算术》作的注解。看着看着,他突然大声赞叹道:"真了不起!"在一边专心致志看书的儿子被这突如其来的声音吓了一跳,忙问:"谁了不起了?""我说刘徽了不起!"祖冲之的眼睛仍然盯着刘徽为《九章算术》作的注解。"他有什么地方了不起呢?""他用极限观念建立了'割圆术'。""割圆术?"儿子茫然地望着父亲。"对于圆面积、圆柱的体积和球的体积计算都要用到圆周率,原来似乎没有科学的计算方法。可是刘徽提出的割圆术,却是很好的算法。你看!"祖冲之指着手里拿着的刘徽为《九章算术》作的注解,滔滔不绝地给儿子讲着。

所谓"割圆术"就是通过圆内接正多边形细割圆,并使正多边形的周长无限接近圆的周长,进而来求得较为准确的圆周率。祖冲之非常佩服刘徽,但刘徽计算圆周率时只分到九十六边形,得出3.14的结果后就没有再算下去。祖冲之决心按刘徽开创的方法继续算下去,以求得更精确的结果。祖冲之在房间地上画了个直径为1丈的大圆,又在

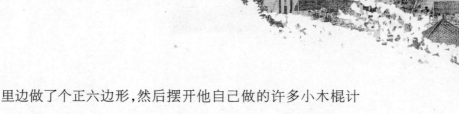

里边做了个正六边形,然后摆开他自己做的许多小木棍计算起来。

　　此时,祖冲之的儿子祖暅已经13岁了,他也跟着父亲一起研究。两人废寝忘食地计算了十几天才算到九十六边形,结果比刘徽的少0.000002丈。祖暅对父亲说:"我们计算得很仔细,一定没错,可能是刘徽错了。"祖冲之却摇摇头说:"要推翻他一定要有科学根据。"于是,父子俩又花了十几天的时间重新计算了一遍,结果证明刘徽是对的。为避免再次出现误差,他们每一步都至少重复计算两遍,直到确认两遍结果完全相同才继续往下算。祖冲之从一万两千两百八十八边形,算到两万四千五百七十六边形,两者相差仅0.0000001。祖冲之知道从理论上讲,还可以继续算下去,但实际上已经无法计算了,只好就此停止。至此,他得出圆周率必然大于3.1415926小于3.1415927的结论。直到1000多年后,德国数学家鄂图才得出相同的结论。

　　就是这样一位伟大的科学家,小时候却经常挨打,也曾被斥责为"笨蛋"。祖冲之的父亲祖朔之望子成龙心切。在祖冲之8岁时,父亲就逼迫他背诵《论语》。两个月过去了,祖冲之只能背诵十多行,气得父亲把书摔在地上,怒气冲冲地骂道:"你真是一个大笨蛋啊!"正在这时,祖冲之的

爷爷来了。祖冲之的爷爷名叫祖昌,在朝廷做官,负责监管朝廷建筑的建设进度。爷爷问明原因后,严厉地批评了祖朔之:"经常打孩子,不仅不能起到任何好的作用,还会使孩子变得粗野无礼。"祖朔之觉得父亲的话有道理,同意不再把孩子关在书房里念书,还建议爷爷带着祖冲之到他负责的建筑工地上去开开眼界。

祖冲之随爷爷到了工地上,觉得非常有意思,问这问那,兴趣盎然。有一次,祖冲之问爷爷:"为什么每月十五日的月亮一定会圆呢?"爷爷解释说:"月亮运行有它自己的规律,所以有缺有圆。"祖冲之越听越有趣,从此,经常缠着爷爷问个不停。爷爷便对祖冲之说:"孩子,看来你对经书不感兴趣,对天文却是用心钻研。正好,咱们家里的天文历书多得很,我找几本你先看一看,不懂的地方问我。"爷爷经常给祖冲之讲一些科学家的故事。此时,祖朔之也改变了对儿子的看法,每天教孩子天文学知识,有时祖孙三代一起研究天文学知识。如此一来,祖冲之对天文历法的兴趣越来越浓了。谁也没想到,后来祖冲之会创立接近现代历法的《大明历》。

有一次,祖冲之在自己的书房中翻阅古人制定的历书,他发现19年7闰,闰数过多,在200年内,就要比实际多出一天来,"看来19年7闰的旧章法,是非改不可!"他

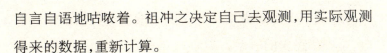

自言自语地咕哝着。祖冲之决定自己去观测,用实际观测得来的数据,重新计算。

祖冲之立起了一个8尺高的圭表,观测日影的长度。他每天坚持量圭表,夏天脸晒黑了,冬天手冻裂了口,但观测册上却记下了一个又一个重要数据。他还设计了用来计时的漏壶,在记下日影长短的同时,也记下了相应的时间。一年、两年过去了,祖冲之的书房里到处堆的都是用来记录观测数据的竹简,书房变得十分拥挤。祖冲之苦苦思索着,仔细分析着,考虑又考虑,计算又计算,核对又核对,不断提高测算精度。最后他制定的《大明历》岁实取365.24281481日,与现代天文学所测结果仅有六十万分之一的误差。在古代仪器设备十分简陋的情况下,祖冲之经过长期的实际观测,推算出一个交点月的日数为27.21223日,和现在所测得的一个交点月的日数仅差不到两百七十万分之一。在1500多年前,得出这样精确的结果实在惊人。

祖冲之不仅对数学、天文、历法进行过广泛的研究,取得了卓越的成就,他对机械制造也有较为深入的研究。他发明和制造的"千里船""水推磨""计时器"等都极大地推动了当时生产的发展。

祖冲之为世界数学史和文明史的发展做出了伟大贡献,是中华民族的骄傲。

知识链接

刘徽 刘徽是我国魏晋时期伟大的数学家,中国传统数学理论的奠基者。刘徽的代表作是《九章算术注》。在《九章算术注》中,他定义了许多重要数学概念,以演绎逻辑为主要方法全面证明了《九章算术注》的算法,驳正了其中的错误或不精确之处。

❋ ❋ ❋

祖冲之虽已去世1400多年,但他广泛吸收古人成就而不为其所拘泥、艰苦劳动、勇于创造和敢于坚持真理的精神,仍旧是我们应当学习的榜样。

——华罗庚

因材施教，循循善诱

孔子是2500年前的大教育家。他不仅心怀仁德，富有学识，引来弟子三千，能够"得天下英才而教育之"，而且对教育也有自己的独特方法。他的方法之一看上去一点也不"新奇"，就是与学生出游，但是对学生们来说，与孔子出游是一件很有趣味又总能触发"新想法"的事情。因此，他的弟子们都把"和夫子出游"看成一件既光荣又长学问的事情。

孔子有很多学生，每个学生的性格都不一样，他就针对每个学生的不同性格在出游的过程中对他们进行不同的教导。

孔子有三个学生很有特点：最聪明爱思考的颜回，性

格豪爽总是打抱不平的子路和能言善辩又富可敌国的端木赐。这一天,孔子带着他们出游。他让三人在路上思考什么是"仁"。颜回最爱思考,但是他谨言慎行,习惯先思考后回答。子路则是想到什么就说什么。子路马上回答孔子:"老师,仁就是对百姓好,对家人好,对朋友好,对君主好,对老师您好。"孔子问:"你觉得对待他们的仁该怎样排序呢?"子路马上回答:"肯定是先对君主好,再对朋友好,对老师好,后对家人好,对百姓好。"孔子叹了口气:"天下百姓是第一,你连这个都想不明白,还是好好思考再回答吧。"端木赐看颜回不说话,子路又答错了,就轻声低问:"老师,您要我们明白什么是'仁',那您能不能先告诉我们什么是'不仁'呢?"孔子知道端木赐最能言善辩,他提的这个问题也很刁钻,于是回答他说:"巧言令色,鲜矣仁。"端木赐听完就不继续问了。孔子是说,只会花言巧语看别人脸色说话做事的人很少是有仁德的,说的就是端木赐。看到三个学生都在思考,孔子停止了对这个问题的讨论,带着他们继续走。

师徒四人顺着小溪走到溪边一个亭子里休息。夏日炎炎,四人想到河边取些水来止渴,却看到溪边有村妇在洗衣服,还有少女在洗澡,三个弟子都有些害羞。这个时

候颜回走到孔子身边问道:"老师,这个时候我做什么才称得上是'仁'呢?"

孔子对他说:"克己复礼为仁。"颜回一听便心领神会,知道老师说的意思是要克制自己,遵循礼数,行为要有规矩,才是"仁"的表现。颜回就问孔子:"我愿意克制自己,遵循礼数,行为规矩。但是怎么样才能做到呢?"孔子很欣慰颜回明白了自己的意思,就告诉他:"非礼勿视,非礼勿听,非礼勿言,非礼勿动。"颜回知道了老师是告诉他只要视、听、言、行都符合礼数的规矩,就可以称得上"仁"了。

于是,颜回径直走向小溪上游,拿出身上的竹筒接了水回来,一路上不曾与村妇搭话,也不曾扭头看向溪中一眼,恭敬地请孔子喝水。孔子非常高兴,说:"颜回啊,你已经快成为一个有仁德的人了。"颜回说:"不,老师,我的梦想是成为像您一样的人,让普通人都能学到礼和先王之道。"孔子说:"你这么说就已经快赶上我了啊。"

在孔子教导颜回的时候,另两个学生都很认真地听着。颜回问完,子路也想问问题。孔子挥挥手说:"路还很长,每个人的感受都需要慢慢思考后再说。"师徒四人休息完就继续向前走。不一会儿到了中午,烈日炎炎。子路的衣服被汗浸湿了,想摘下头冠擦汗。孔子对子路说:"作为

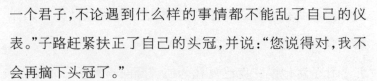

一个君子,不论遇到什么样的事情都不能乱了自己的仪表。"子路赶紧扶正了自己的头冠,并说:"您说得对,我不会再摘下头冠了。"

四人路过一个小村子。孔子问:"颜回,你想让百姓都学会礼,这是你的梦想。那你怎么去实现这个梦想呢?"颜回低下头思考。孔子又问:"子路、端木赐,你俩的梦想又是什么呢?也是让百姓都学到礼吗?"子路和端木赐彼此对视了一眼,子路回答道:"老师,我的梦想和颜回并不一样,我的梦想是辅佐一个好的君主,让百姓能够夜不闭户,路不拾遗,每个人都有信有义真诚待人。"孔子笑笑说:"你的梦想可不比颜回的小啊。"端木赐正要回答,这时候一个挑水的农夫从旁经过。农夫看到孔子师徒行路辛苦,就放下水桶,拉着孔子师徒走到树荫下,让他们喝点水再走。孔子问农夫这村子里的徭役和赋税是否严苛,农夫说村里的百姓过得都很好,孔子高兴地说这个国家的国君很贤明。农夫等孔子师徒喝完水就离开了。端木赐看到农夫水桶里只剩下半桶水,就对孔子说:"老师,我的梦想很简单,就是让百姓都过上好日子,能让他们吃饱穿暖。而且我知道什么是'仁'了,您说百姓第一,这里的百姓对人和善,我以后一定要做个好官,对百姓广施恩泽,接济百姓,

这样就是'仁'了吧?"其他弟子都觉得端木赐说的就是"仁",但孔子却对端木赐说:"你的梦想比他俩的都大啊,但是己欲立而立人,己欲达而达人。"颜回听了有所领悟。而端木赐思考了一下,什么也没说,站起来追上那个农夫,帮他把水挑回村子。孔子对其他弟子说:"端木赐一定会成为一个好官的。"其他弟子不明白老师为什么这么说,孔子解释道:"端木赐思维敏捷、善做生意,他很想做个有仁德的人,但是他每天想着博施济众,做事又好高骛远、眼高手低。我就是告诉他,做事不能只靠想,一定要去做,当他做到对待别人就像对待自己的时候,就是'仁'了。"

这趟出游,三人都受益良多。师徒四人走到子路家,子路让老师他们在家里吃饭。孔子和颜回、端木赐坐下,子路的哥哥招呼众人。孔子问弟子们:"今天都感受到怎么做一个有仁德的人了吗?"子路对孔子说:"先生所教的仁义之道,真是令人向往!我所听到的这些道理,应该马上去实行吗?"这时候孔子说:"有父兄在,如之何其闻斯行之?"意思是,你现在家里还有父亲和哥哥,你怎么能想到什么就做什么?一定要先听听他们的意见再做事。子路受教,跑去帮自己的父亲和哥哥准备晚饭。

孔子师徒四人吃完饭,回到自己的住所,颜回对孔子说："老师,我这一天学到很多。我想去感谢那些帮助我们的人,即使我现在还没有做官,但是我可以用我的言行和学识去帮助别人,这样我才能成为一个有仁德的人。"孔子说："你有这样的想法很好。既然你已经想到了,就不要再问我,直接去做才对。"颜回听从孔子的教导离开了。

夜晚,端木赐来到孔子的住所,他问孔子："老师,我有个问题,一直到现在也没想明白。刚才,颜回和子路问了您同样的问题,做事应该是先想还是先做,您却给了他们两人不同的答案,您让子路三思而后行,却让颜回有想法就去做。为什么同样希望做一个有仁德的人,行为准则却不同呢?"

孔子对端木赐说："你果然很爱思考啊。我告诉颜回克己复礼,是因为颜回能举一反三,一切美德都是从礼数延伸的德行,我告诉他克己复礼就足够了;我告诉你要推己及人,是因为你眼高手低,如果做事能把别人当作自己,就能够成大事;我让子路谨言慎行,是因为他说话不谨慎,一个连说话都不谨慎的人做事怎么能够稳妥呢?我让他听取别人的意见,是因为子路好勇斗狠、容易冲动,听劝才能克制自己;而我之所以对颜回说了不同的答案,是颜回为人谨慎,我要鼓励他做事的勇气。其实你们每个人都是

有仁德的人,但是你们总会被自己的缺点所影响,我作为你们的老师,并不是要把'仁德'这个东西给你们,而是让你们把遮掩住'仁德'的缺点改正,这样也是我这个老师的仁德啊。能让你们成为有仁德的人,并且通过你们让百姓都成为有仁德的人,就是我的梦想啊!"端木赐恍然大悟,原来这才是真正的仁德啊。

　　如何做到真正的仁德,在不同的人身上有不同的方法。孔子正是用因材施教的方法,教会自己的学生何为仁德,也展现了身为人师的仁德。孔子的梦想是让天下的普通百姓都成为君子,而现在的我们作为儒家文化熏陶下的"弟子",更应该将做一个有仁德的君子当作自己的梦想。

　　儒家　儒家又称"儒学"、"儒家学说",或称为"儒教",是中国古代最有影响的学派。作为华夏固有价值系统的一种,儒家并非通常意义上的学术或学派,它是中华法系的法理基础,是对中国以及东方文明发生过重大影响并持续至今的意识形态,儒家思想是东亚地区的基本文化信仰。儒家最初指的是冠婚丧祭时的司仪,自春秋起指由孔

子创立的,后来逐步发展成以"仁"为核心的思想体系。儒家文化崇尚"礼乐"和"仁义",提倡"忠恕"和"中庸"之道。主张"德治""仁政",重视伦常关系。

❊ ❊ ❊

当教师把每一个学生都理解为他是一个具有个人特点的,具有自己的志向、自己的智慧和性格结构的人的时候,这样的理解才能有助于教师去热爱儿童和尊重儿童。

——[苏联]赞科夫

异国再续支教梦

　　1982年,徐本禹出生在山东聊城的一个贫寒家庭。父亲每月只有十几元的工资,可这是家里唯一的经济来源。1999年,自强不息的徐本禹考上了华中农业大学,在老师和同学们的帮助下,徐本禹战胜了学习和生活上的诸多困难,并暗自下决心,以后一定要用自己的知识来回馈社会。2003年,考取本校农业经济管理专业公费硕士研究生的徐本禹没有立即就读,而是去了贵州省的岩洞小学与大石小学支教了两年。两年里,他从繁华的城市走进大山深处,用稚嫩的肩膀扛起了本来不属于他的责任。从此,徐本禹爱上了教师这个职业,并决定用支教的方式把温暖继续带给更多的人。

　　没想到,徐本禹的支教愿望很快又有了新的发展契

机。在2006年的中非合作论坛北京峰会上,中国承诺向非洲派遣300名青年志愿者。正在攻读硕士研究生的徐本禹抓住了这次机会,成为中国首批派往津巴布韦的志愿者。2007年1月,徐本禹开始了为期一年的工作——在一个国家高级管理培训中心教授汉语。

一到非洲,徐本禹就把满腔的热情投入工作中。他的任务是在培训中心对一些有兴趣学习汉语的人,进行为期三周的短期培训。这些学员来自各行各业,有刚刚大学毕业尚未找到工作的学生,有和中国人一起做工程的项目经理,也有近期准备去中国旅游或做生意的人。其中,年龄最大的一位是65岁。虽然背景各异,但学员们有一个共同点,那就是他们都对汉语怀有强烈的好奇心和求知欲。没课的时候,徐本禹经常会接到他们的电话,不为别的,就是为了用汉语跟他聊聊天,练习一下刚学到的口语。

出乎徐本禹意料的是,津巴布韦人不仅对汉语学习充满热情,而且有较强的语言天赋。徐本禹称:"在食堂吃饭的时候,我会教食堂的工作人员说汉语。服务台的一位工作人员,把我教他的每一句话都记在一个本子上,并用绍纳语(当地语言)注上音。就连超市的工作人员见到我,都要跟我学两句中国话……"当地人的认真让怀揣着支教梦的徐本禹大受鼓舞——他要尽自己所能帮他们学习汉语。

于是,徐本禹认真思考后,决定从汉语拼音和口语开始教起,以便学员在短短三周内有所收获。他把日常生活中经常会用到的汉语设计成对话,在课堂上用相关情景进行再现,如自我介绍、打电话、买东西、换钱、旅游等,有时还会让学生们自己表演;在内容设置上,他尽量让学过的字词重复出现,从而加深他们的记忆。课程进行了两周后,不少学生已经会说"徐老师,我有问题";"你有中文词典吗";"我爱你,中国"等简单语句。此外,他们还可以借助拼音朗读课文内容,虽然发音不够标准,但看到他们进步得如此之快,徐本禹感到非常欣慰。

徐本禹在向学员们传递温暖的同时,也收获了不少感动,他的付出得到了当地人的极大认可。课程结束时,学员们对徐本禹给予了很高的评价,其中,戴夫·鲍特拉在评估表上这样写道:"出色的老师,希望管理培训局能够留下你教汉语。你是善良的朋友,真正的朋友。"此外,这里还有好心的邻居、热情的同事、善良的门卫……不过,最让徐本禹感动的还是管理培训局的60多岁主管阿姨,由于她的孩子和徐本禹差不多大,因而徐本禹亲切地称她为"妈妈"。

由于津巴布韦食品供应匮乏、通货膨胀严重,因而食用油在超市里相当难买,断货一个多月是常有的事。一

次,徐本禹和队友郝东智过了三天没油的生活,每顿饭都啃干面包。当主管阿姨得知这件事后,毫不犹豫地从自己家里拿出两升油送给他们。靠着这两升油,徐本禹和队友支撑了两个多月。津巴布韦的贫富悬殊很大,虽然世界名车满街跑,但是公共交通不发达,只有破旧的迷你巴士,而且线路极不规范,这给徐本禹的出行带来了很大的不便。有一次,他下课以后没赶上巴士,还迷了路,这位主管阿姨就开着车四处找他。主管阿姨的这份情,令徐本禹难以忘怀。

2007年底,徐本禹结束了一年的支教工作,离开了依依不舍的学员们,回到了中国。他说,现在越来越多的非洲人将目光投向了中国,他的学员中就有很多人想学好中文,将来到中国做生意。谈起在非洲担任国际志愿者的经历,他说:"虽然志愿服务的精神在全世界都是一样的,但是,在海外做志愿者不仅仅是代表自己,更是代表着中国青年志愿者的整体形象。汉语志愿者是传播中国文化的民间使者,不仅仅是让当地人认识多少汉字的问题,更重要的是通过汉语教学,促进当地人对中国的了解,增进两国友谊。"

中非合作论坛 20世纪90年代,随着东欧剧变和苏联解体,国际局势发生了巨大变化,和平与发展成为时代的两大主题。中国一贯重视同非洲国家的团结与合作,这不仅有利于维护发展中国家的合法权益,而且有利于世界的和平、稳定与发展。根据部分非洲国家的建议,2000年10月,中国政府提出召开"中非合作论坛——北京2000年部长级会议"的倡议,这得到了非洲国家的积极响应和广泛支持。中非合作论坛部长级会议每3年举行一次。

❋ ❋ ❋

对人来说,最大的欢乐、最大的幸福是把自己的精神力量奉献给他人。

——[苏联]苏霍姆林斯基

文成结缔唐蕃谊

在中华民族漫漫五千年的历史长河中,有一朵闪耀着夺目光芒的浪花。它如一朵芬芳艳丽的奇葩,盛开在民族团结的大花园里。历代汉藏人民所传颂的就是唐朝文成公主入藏与吐蕃王朝首领松赞干布和亲的佳话。

文成公主是唐朝皇家宗室女,汉族,出生年月不详,去世于680年。她天生丽质,聪慧过人,知书达理,虔诚礼佛。

松赞干布,又称章宗弄赞,藏族吐蕃王朝的建立者。他十三岁时继任赞普(君长之意),建立了中央集权的奴隶制国家,并创立了吐蕃文字。这种文字后来发展成为藏文。

松赞干布志向高远,希望和强盛的唐朝结成友好关

系,以便在青藏高原建立稳固的政权。他在贞观八年(634年)派出第一批友好使者访问长安,受到唐朝的欢迎。唐太宗也派使者回访。从此,汉藏友好关系开始建立。

唐太宗有意考验松赞干布的诚意,第一次并没有答应松赞干布求亲的请求。可是年轻的松赞干布并没有灰心,在贞观十四年(640年)再次派出以禄东赞为首的第二批使团,带着大量金银珠宝向唐朝请求联姻。唐太宗李世民终于被松赞干布的执着与诚意打动,答应将文成公主嫁给这位藏族英雄。

大唐的皇宫里忙碌起来了。人们为远嫁西藏的公主准备精美的嫁妆而日夜忙碌。深明大义的文成公主为了藏族人民能够富庶和健康,带去了大量的农作物种子和医学、冶金、建造艺术、纺织等方面的书籍以及各种工匠、文士、乐队等。

吐蕃的王宫沸腾了。人们如同过节一样忙个不停,脸上洋溢着灿烂的笑容。松赞干布则下令修筑唐式宫殿,迎接来自远方的佳人。

贞观十五年(641年),在春暖花开的季节,庞大的送亲队伍浩浩荡荡地从长安出发了。他们翻过一座座山,趟过一条条河,历经千难万险,到达了柏海(现青海玛多县)。在这里,松赞干布早已率满朝文武和大军迎候。此时,扎

陵湖碧波荡漾,远方的雪山高耸入云。在柏海行宫里,松赞干布拜见了唐送亲使李道宗(文成公主亲父),行子婿大礼。在这风景如画的地方,文成公主和松赞干布度过了他们美好的新婚之夜。之后,松赞干布带着文成公主前往拉萨,几天后来到玉树,被这里的秀美风景吸引,俩人便决定住一段时间。白天,他们欣赏山谷里的鸟语花香;夜晚,他们遥望天空明月。闲暇时,文成公主向当地人传授种植和纺织技术,与当地百姓结下了深厚的友谊。一个月后,当文成公主离开时,当地百姓都满含热泪,依依不舍。时至今日,当地人仍精心地保护着文成公主的旧居。

在一个风和日丽的日子里,松赞干布和文成公主到达拉萨,人们举行了极为盛大的欢迎仪式。蓝天白云下,欢乐的人们身着节日盛装载歌载舞,欢迎来自大唐的高贵公主。在欢迎仪式上,松赞干布致辞:"我父祖向来没有和上国通婚的。我能娶到高贵的大唐公主,深感荣幸,当为公主筑一城以昭示后代。"深爱着公主的松赞干布没有食言,他为文成公主修建了具有唐代风格的寝宫,还改穿唐人服装。他选派优秀的王公子弟到长安太学学习,聘请唐朝文士掌管有关唐朝的文书。

文成公主也深爱着雪域高原。随她入藏的能工巧匠,把中原汉族的农具制造、纺织、建筑、造纸、制陶、碾磨、冶

金等生产技艺传授给吐蕃居民。文成公主和她的侍女们手把手地教吐蕃妇女织布和刺绣等工艺。她带来的诗书、佛经、医书、历法等在吐蕃广为传播。她携带的金质释迦牟尼佛像,至今仍摆放在大昭寺中,为藏族人民所膜拜。

不仅如此,虔诚礼佛的文成公主为了给藏民祈福消灾,决意建造大昭寺和小昭寺。她发挥聪明才智,让山羊背土填地,建成了宏伟壮观、金碧辉煌的大昭寺。更为浪漫的是,文成公主与松赞干布亲自在大昭寺外栽种柳树。柳树枝繁叶茂,婀娜多姿,成为后世著名的唐柳。唐柳不仅是文成公主和松赞干布纯美爱情的象征,更是汉藏两族人民友谊的见证。

文成公主入藏的故事流传至今已有一千多年了。一千多年来,它不仅是汉藏两族人民大团结的美丽佳话,更是一部讴歌爱情与友谊的宏大史诗,是汉藏两族人民和睦共处的历史见证。松赞干布和文成公主这对载入历史的伉俪,以其惊天地泣鬼神的壮举,赢得了后世的尊敬与爱戴。

知识链接

松赞干布 松赞干布(605—650年)在汉文典籍中称"尺松赞",是藏族吐蕃王朝的创建者。唐贞观三年,他继承父位,统一吐蕃,迁都拉萨。公元650年卒,他被唐高宗封为西海郡王。文成公主(?—680年)是礼部尚书江夏王李道宗之女,原名李雪雁。公元641年,她从皇命嫁给松赞干布。她为发展吐蕃经济文化和密切汉藏友谊作出了杰出贡献,至今还受到汉藏人民的怀念和尊敬。

❋ ❋ ❋

人是文化的创造者,也是文化的宗旨。

——[苏联]高尔基

划粥断齑忧天下

　　范仲淹是北宋著名的政治家、军事家、文学家。他一生勤奋好学，为官清正，出将入相，文能安邦，武能定国。他始终以"先天下之忧而忧，后天下之乐而乐"为座右铭，为国家、为人民鞠躬尽瘁，死而后已。他的精神一直激励着后人。但是谁能想到，这样一位杰出的人物，早年却连一顿饱饭都吃不上，常常以凉粥充饥。

　　范仲淹从小就立下了"心忧天下"的远大志向。有一次，他跟母亲到庙里烧香。他在神像前祷告，问菩萨："我将来能做宰相吗？我要是能做宰相，就要做好宰相；不能做宰相，就做个好医生。良相和良医都能造福于人。"怀揣着这样的祈愿，范仲淹自小读书就勤奋刻苦。在范仲淹两岁时，父亲范墉就病逝了，家境困窘。长大后，全家只靠母

亲为大户人家缝补衣物来勉强维持生活,常常一天只能吃两顿粥。母亲根本无力供范仲淹读书。苦难并没有使范仲淹丧失志向、抛弃梦想,他决定自学成才。为了寻找一个安静的地方读书,他背起行囊前往离家不远的醴泉寺,请求住持借一间旧僧舍。寺院住持被这个年轻人的好学精神和高远的志向打动,满足了他的要求。

从那以后,范仲淹便在醴泉寺中寄宿苦读。每至深夜,和尚们诵经既毕休息后,范仲淹还在读书。他总是带着书卷,蹑手蹑脚来到大殿佛堂,借着佛像前的长明灯,全神贯注地攻读。由于家贫,范仲淹的生活极其艰苦,每天只煮一碗稠粥。等粥凉了以后,将其划分成四块,早晚各取两块,拌几块腌菜,就着醋吃,吃完继续读书。于是,后世便有了"划粥断齑"的典故。

转眼间,三年过去了,范仲淹把他所在的长山地区的书籍几乎全都借读遍了。为了求得更多的知识,范仲淹一边读书,一边砍柴,以积攒远行求学的盘资。一段时日后,他收拾了几件简单的衣物,含泪拜别慈母,步行去睢阳应天府书院读书。应天府书院是宋代著名的四大书院之一,环境非常好,共有校舍一百五十间,校舍宏伟。书院藏书数千卷。在这样的书院读书,范仲范既可求教于名师,又可与同学互相切磋,还可阅览大量的书籍。况且学院免费

教学,这更是经济拮据的范仲淹求之不得的。他十分珍惜这个机会,不分昼夜地刻苦攻读。

在应天府书院读书期间,范仲淹依然过着"划粥断齑"的艰苦生活。范仲淹的一个同学将这一情况告诉了自己的父亲。同学的父亲听说后,在对范仲淹的贫穷处境充满同情的同时,也被范仲淹刻苦学习的精神感动,于是吩咐家人做了一些好吃的食物,叫儿子带给范仲淹。那个同学说:"这是我父亲叫我送给你的,赶快趁热吃吧!"范仲淹回答:"不!我怎么能够接受你的食物呢?你还是带回去吧!"那个同学以为范仲淹不好意思接受,连忙放下食物,回家去了。过了几天,那个同学又来到范仲淹的住所,发现上次送给他的食物丝毫未动,已经发霉了。于是他责备范仲淹说:"看,叫你吃你不吃,食物都发霉了。你为什么不吃呢?"范仲淹回答:"并不是我不想吃,而是我已经过惯了艰苦的生活。如果吃了这些美味佳肴,以后再过艰苦的生活就会不习惯,所以我就没有吃。感谢你父亲的一片好意。"那个同学回到家,将范仲淹的话如实地告诉了父亲。他父亲说:"范仲淹真是一个有志气的孩子,日后必定大有作为呀!"

据说,范仲淹在应天府书院读书的五年中,竟然从来没有脱衣服睡过觉。有时夜里读书劳累,昏昏欲睡时,他

就用冷水洗脸提神。而且他常常是白天苦读，什么也不吃，直到日头偏西才吃一点东西。就这样，范仲淹连岁苦读，从春至夏，经秋历冬。数年之后，范仲淹终于对儒家经典——《诗经》《尚书》《易经》《礼记》《左传》等书的主旨了然于胸。吟诗作文，也慨然以天下为己任。他决心担当起为国效力的重任。

二十六岁那年，范仲淹终于考中进士。为官期间，范仲淹一直以天下为己任。至今，民间还流传着许许多多有关他的感人故事。相传在天禧五年（1021年），范仲淹曾被调往泰州海陵西溪镇（今江苏省东台县附近），做盐仓监官——负责监督淮盐的储运转销。本来，盐仓监官只是个闲职。可范仲淹却是个有心人，他很快发现这里有许多事情需要做。当地多年失修的海堤已经破败不堪，盐场亭灶失去了屏障，周边的农田民宅也屡遭海潮威胁。遇上大海潮，水淹泰州城，成千上万的灾民就会流离失所，官府盐产与租赋也都会蒙受损失。为此，他上书江淮漕运使张纶，痛陈海堤失修之弊，建议在通州、泰州、楚州、海州（今连云港至长江口北岸）沿岸，重修一道坚固的捍海堤堰。对于进行这项浩大的工程，张纶深表赞同，并奏准朝廷，调范仲淹任兴化县令，全面负责治堰工程。

天圣二年（1024年）秋，范仲淹率领来自四个州的数万

名民夫,奔赴海滨。但治堰工程开始不久,便遇上夹雪的暴风,接着又是一场大海潮,一百多个民夫丧生。部分官员认为这是天意,堤堰不可能修成,主张彻底停工。事情报到京师,朝臣们也踌躇不定。

而范仲淹依然坚持维修堤坝并亲临现场指挥。大风卷着浪涛猛烈地冲击着他的腿。面对惊涛骇浪,民夫都纷纷惊避,官吏们也张皇失措,范仲淹却纹丝不动。

在范仲淹等人的坚持和努力下,绵延数百里的堤堰横亘在黄海滩头,从此盐场和农田都有了保障。往年受灾流亡的数千户居民,又扶老携幼返回家园。人们感激范仲淹,都把堤堰叫作"范公堤"。更为有趣的是,兴化县不少灾民,竟跟着他姓了范。

1040年,范仲淹以"龙图阁学士"的身份出任陕西经略安抚招讨副使,兼知延州,抵御西夏侵犯。1043年出任副宰相后,他和挚友欧阳修等人提出了"均田赋、减徭役"等十项改革建议,这就是"庆历新政",却遭到皇亲国戚等守旧派的反对,并被罢免相位。他请求自贬为邓州知州。

在邓州任上时,范仲淹仍以天下为己任,励精图治,大兴教育之风。他应好友滕宗谅之邀,写下了流传千古的名作《岳阳楼记》。文中"先天下之忧而忧,后天下之乐而乐"之句亦成为激励后人的千古绝唱。南阳人民一直为历史

上有过这样一位父母官而自豪。

范仲淹把自己的一生无私地献给了祖国和人民,产生了极为深远的影响。他领导的庆历新政,成为王安石"熙丰变法"的前奏;他对某些军事制度和战略措施的改善,使西线边防稳固了相当长时间;经他荐举的一大批学者,为宋代后来的学术鼎盛奠定了基础;他倡导的先忧后乐思想和仁人志士节操,在中华文明史上闪烁异彩,是我们宝贵的精神财富。因此,朱熹称他为"有史以来天地间第一流人物"!今天,各地有关范仲淹的遗迹一直受到人们的保护和纪念,而他"心忧天下"的精神一直代代相传!

知识链接

书院 书院开始只是地方教育组织,最早出现在唐朝,正式的教育制度则是由宋代朱熹创立后得到发展的。书院原由富室、学者自行筹款,于山林僻静之处建学舍,或置学田收租,以充经费。著名的书院有江西庐山的白鹿洞书院、湖南长沙的岳麓书院、河南商丘的应天书院、江西上饶的鹅湖书院、湖南衡阳石鼓山的石鼓书院、河南登封太室山的嵩阳书院等。后由朝廷赐敕额、书籍,并委派教官、调拨田亩和经费等,逐步变为半民半官的地方教育组织。

仁宗庆历年间,各地州府皆建官学,一些书院与官学

合并。神宗时,朝廷将书院的钱、粮一律拨归州学,书院一度衰落。

※ ※ ※

不以物喜,不以己悲。

——(北宋)范仲淹

华侨故乡寻故梦

"放着国外的幸福日子不过,来到这穷山沟里免费教英语,哪有这样的好人?难道是癫鬼(客家话'疯子')?"十几年前,当廖乐年第一次来到长教村教英语时,很多人都觉得这个来路不明的人肯定没安什么好心。十几年后,廖乐年的学生已经多达5 000人,往往第一拨学生还没有下课,第二拨学生早就趴在窗户外面等着了。村里人都抢着请他到家里去吃饭,这个洋老师"火"起来了。

廖乐年,马来西亚人,祖籍中国广东省梅州市大埔县。2011年,他荣获"2011南方·华人慈善盛典"慈善人物奖,被评为"美丽南粤广东年度贡献人物"。

廖乐年大学毕业后,成为一名英文和马来文教师。退休后,他一直想去支教,做一点力所能及的事情。后来,朋

友的一句话让他找到了方向:"你为什么不回中国教英语呢,你教了一辈子的英语,又是华人,中国也需要这样的服务啊。你为什么不为自己的祖国做些事呢?"

"可我不会说汉语啊。"廖乐年不是不想做,只是没有信心。

"你是华人,你身体里流的是中国人的血,我相信你肯定没问题的。"

在朋友的鼓励下,廖乐年终于下定决心。2001年,他专程到中国香港学习汉语。当年,他来到了广州。可是当朋友问他老家地址时,他只知道母亲是广东省梅州人,具体是哪个地方不清楚。情急之下,他顺口说出了小时候常听母亲说的一句话:"广东大埔长教百江铁桥德心堂。"谁知,朋友一听就将他带到了长教村。他原以为母亲念的是一句唱词或是戏文呢,没想到,这句话的意思竟然是家乡的地址。

这时,廖乐年才懂得了父母的心,多少年来,无论生活给予他们多大打击,他们魂牵梦萦的还是自己的家乡。廖乐年禁不住热泪盈眶。此时,他多想告诉母亲:"我回家了!"但令他抱憾的是,此时母亲早已长眠于地下。为了实现梦想,廖乐年婉言谢绝了多家教育机构的高薪聘请,放弃了马来西亚悠闲富足的退休生活。2002年,他来到了老家广东省长教村,开始了支教生涯。他说:"我这个客家游子终于找到了下半生要走的路了。"

对廖乐年来说,初到家乡最难克服的不是语言、饮食、居住等问题,而是信任危机。听说廖乐年要免费教学生学英语,人们都觉得他疯了或是另有企图。廖乐年忍受着委屈和寂寞,坚持了下来。终于,长教村英语学校在翠轩公祠开课了。村民们半信半疑地将自己的孩子送到了这里,廖乐年丝毫不敢懈怠,他潜心研究适合孩子们的教学模式,并创立了属于自己的一套教学方法。一个学期下来,廖乐年教的学生的英语成绩直线上升,村里的孩子们学到了正宗的英式英语。村里人的态度也由怀疑变为信任,而且慕名前来的学生越来越多。廖乐年根据学生的学习情况进行针对性的教学。湖南省的一名志愿者说:"在这里待上一段时间,日常口语都没问题。"一位 40 多岁的母亲和女儿一起来到这里学英语,她笑着说:"我老家就是这个村的,18 岁的时候就去广州工作了,在大酒店做过总机接线员,那时候我就想,如果会英语该多好啊。没想到回到村里,这个心愿倒实现了。"

为了维持翠轩公祠的正常运转以及各项开销,廖乐年每年要花二三十万元。即使这样,廖乐年仍然坚持免费招生、免费授课,不向学生收取费用。那么他是从哪得到这些资金呢?原来每年总有那么一段时间,廖乐年都会悄无声息地从长教村消失,他奔走于中国香港、新加坡、马来西亚,甚至澳大利亚等地,调动各种社会资源,四处"化缘"。廖乐年有一个爱好,就是打高尔夫球。有一次,他在马来西亚打高尔夫球时,看到一个大老板也在打,他就抓住时机跟人家搭话,宣传慈善公益事业,争取对方的经费支持,他戏称自己是"棒打大款"。就这样,廖乐年10年间筹集的各种经费加起来有200万元左右。

廖乐年日复一日、年复一年地坚持着自己的信念,村民们看到了他多年来的不易,渐渐理解了他的做法,进而被他感动。村民们知道他一直是独身,所以一到过年过节的时候,都争着邀请他到家里吃饭,更有不少他曾经教过的学生从各大城市赶回来陪他过节,也有人自发贡献一份力,如村民廖安国把卖猪的钱全拿出来交给他办学校,廖乐年的学生廖文敏免费给幼儿园和低年级的孩子们上课,湖南人苏胜不远千里来到长教村当志愿者……

廖乐年经常会被问到这个问题:"你疯了吧,你这么做有什么好处啊?"他答道:"我小时候也是靠别人的资助才完成学业的,这些经历我都记着呢。况且,我父母一辈子最大的愿望就是回到这里,他们最终没实现的这个心愿,我要替他们来完成。我是一个外国人,但中国才是我真正的家乡,我愿意为自己的家乡做点事,我想要更多的中国孩子学会英语,让他们能走出小村子,走向世界。"

知识链接

客家 客家是汉族的支系。客家人主要集中在粤东梅县、兴宁、大埔、五华、惠阳等地。在海外,很多国家都有客家人的聚居地,如马来西亚、印度尼西亚等。叶挺、叶剑英、李光耀等都是客家人的杰出代表。

❋ ❋ ❋

树高千丈,落叶归根。

——(清)李宝嘉

实现祖国航天梦

"我一直相信,我一定能够回到祖国的。今天,我终于回来了!"这是中国著名的火箭专家钱学森于1955年10月8日从国外回来到达广州时说的一句感慨万分的话。

1911年,钱学森出生在上海的一个知识分子家庭,父亲曾留学日本,回国后长期从事教育工作。可以说父亲就是钱学森的启蒙老师。幼年时的钱学森随父母迁居北京后,先后就读于京师女子师范学堂附属小学和北京高等师范学校附属小学。在这两所师资雄厚、办学正规的小学里,钱学森受到了良好的教育。在升入北京师范大学附中后,钱学森又学习了代数、几何、物理、化学、英语等学科。1929年夏天,钱学森顺利考入了心仪已久的上海交通大学,进入机械工程系铁道机械工程专业学习。1935年,钱

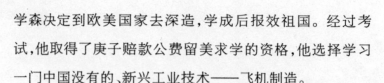

学森决定到欧美国家去深造,学成后报效祖国。经过考试,他取得了庚子赔款公费留美求学的资格,他选择学习一门中国没有的、新兴工业技术——飞机制造。

1935年夏,钱学森告别父母,只身前往美国,来到了马萨诸塞州首府波士顿的坎布里奇市世界著名的大学——麻省理工学院。麻省理工学院是一所名师荟萃、驰名全球的理工类学院,许多诺贝尔奖获得者、美国的院士都在这里执教。在这里,钱学森努力钻研、刻苦学习,一年之后便以优异的成绩获得航空系硕士学位。为了进一步提升理论水平,钱学森于1936年飞到加利福尼亚州理工学院,拜见美国航天科学创始人之一、享有"超音速飞行之父"美誉的物理学家冯·卡门教授。为了了解钱学森的专业功底,冯·卡门教授提出了一系列的问题,而钱学森都对答如流。对于如此快捷的反应、准确的回答,教授赞叹不已。他当即高兴地答应了钱学森攻读博士学位的请求,接纳了这位思维敏捷、头脑清晰、才华横溢的中国学生。3年后,取得航空和数学博士学位的钱学森被聘为加州理工学院航空系助理研究员,成为冯·卡门的直接助手。这期间,钱学森在导师的影响下,对火箭技术研究产生了浓厚的兴趣,并与同窗好友马林纳发起成立了火箭研究小组。

他们的火箭研究小组进行的火箭试验引起了有关当局的注意,得到了美国空军的支持。

1943年,为满足反法西斯战争的需要,美国军方经过慎重思考后,委托钱学森参与重要的军事课题,研究用火箭发动机推进导弹。当年11月,钱学森与马林纳一起在一份报告中提出了3种设计方案,该报告连同冯·卡门的指导意见一起受到军事当局的高度重视,为美国20世纪四五十年代成功研制地对地导弹和探空火箭奠定了基础。钱学森也成为"制定美国空军从螺旋桨式向喷气式飞机过渡并最后向遨游太空无人航天器过渡的长期规划的关键人物"。

1947年,经冯·卡门教授的推荐,36岁的钱学森成为加州理工学院最年轻的终身教授。自1949年下半年开始,他承担起该学院喷气推进研究中心主任的职务。那时的钱学森虽然只有38岁,但已是世界上学界公认的力学界和应用数学界的权威以及流体力学研究的开路人。

钱学森在美国学习奋斗十几年,不仅在学术上取得了辉煌的成就,在生活上也获得了丰厚的回报。虽然少年得志,功成名就,但是钱学森从来没有忘记还处在深重灾难中的祖国。早在大学时期,他就立下"到美国学技术,学成

之后回来为祖国效力"的宏愿。在后来写给父亲的信中，他说不止一次梦见上海，梦见他童年时住的房子。

1949年，中华人民共和国成立的消息传来，钱学森激动万分，他和妻子更加坚定了回祖国发展的念头。虽然归心似箭，但他深知自己为美国军界服务多年，美国军方绝不会轻易让自己离开，钱学森只得小心翼翼地谋划回国的步骤。但是这个时期的美国麦卡锡主义横行，对共产党人实行全面追查，对中国怀有很深的敌意，而钱学森也是被怀疑的共产党人之一，受到了联邦调查局的监视和查问。同时，由于拒绝揭发实验室里的同事是共产党员，钱学森被美国军事部门突然吊销参加机密研究的证书，被剥夺了继续进行喷气技术研究的资格。钱学森非常气愤，并将此作为回国的理由。

1950年5月的一天，已经下定决心返回祖国的钱学森会见了主管他研究工作的美国海军部次长丹尼尔·金布尔，并告诉他自己准备立即动身回国。金布尔十分赏识钱学森的才华，对他很器重并优待有加。他认为像这样的人才只有在美国才有用武之地，也只有美国才能为他提供优越的科研条件和物质报酬。因此，钱学森刚说完，这位懂得钱学森价值并对共产党怀有敌对情绪的上司愤怒了，

他绝不情愿让这位稀世之才为中国所用。金布尔见说服无望,便给联邦调查局打电话,气急败坏地说:"钱学森知道所有美国导弹工程的核心机密。一个钱学森抵得上5个海军陆战师,我宁可把这个家伙枪毙了,也不能放他回红色中国去!"而钱学森对此却一无所知。

1950年8月的一天,钱学森买好了机票,辞去了学院和研究所的工作,并把许多科学书籍和研究工作笔记装在箱子里,准备带离美国。就在钱学森认为可以离开美国的时候,突然接到美国移民局的通知,不准像他这样受过火箭、原子弹以及武器设计教育的中国人离开美国。非但如此,移民局还搜查并扣押了他的全部书籍和笔记本,同时诬蔑他企图运送机密科学文件去中国。9月9日,钱学森突然被联邦调查局逮捕,被送到一个岛上的拘留所关押了15天。这15天里,钱学森受到了非法的虐待,看守不让他睡觉,隔一小时就喊醒他一次,使钱学森精神和心理上都受到了极大的伤害。

就在钱学森在拘留所苦苦坚持的时候,美国当地的朋友们正在积极营救他。在知道钱学森的情况后,加州理工学院的众多师生和当时远在欧洲的冯·卡门教授立即向美国移民局提出强烈抗议。很快,他们募集了1.5万美元

保释金,把钱学森从拘留所保释了出来。但是美国移民局还要继续非法限制钱学森的自由,要求他每个月都到移民局报到一次,同时要求他不得离开居住的城市。联邦调查局还一直派人监视他,经常非法闯入他的研究室和住宅搜查,他的电话和信件也都受到了监察。获释后的钱学森仍然执教于加州理工学院,但行动完全失去了自由。钱学森思前想后,决定安下心来,著书立说。1954年秋,钱学森精心撰写的《工程控制论》出版了,这是他在认真研究第二次世界大战后迅速发展起来的控制与制导工程技术的基础上,对与制导系统相关的工程技术实践进行潜心探索,而得到的制导控制与制导系统设计的成果总结。用英文写成的《工程控制论》由麦克劳·希尔图书公司出版以后,在科技界引起了轰动。美国当局审查了这本书以后,也不得不承认,钱学森的研究课题已完全脱离了"军方机密"。整整5年,钱学森一直过着变相被软禁的生活。即便如此,钱学森夫妇依然坚持一定要回到祖国。他们整理出3个小箱子,随时准备着搭飞机回国。他们租住的房子每次都只签订一年的合同,5年中搬了5次家,就是为了方便随时回国。

钱学森想念祖国,祖国也没有忘记他。钱学森在美国

受迫害的消息传到国内,国内科技界的朋友通过各种途径声援钱学森,党中央对钱学森也非常关心。当钱学森的回国要求被美国无理拒绝时,中国也扣留着一批美国人,其中有违反中国法律的美国侨民,也有侵犯中国领空权的美国军事人员。美国政府急于要回这些美国人,但又不愿意与中国直接接触。

1954年4月,美、英、中、苏、法5国在日内瓦召开讨论和解决朝鲜问题的国际会议。在这个会议上,美国政府希望通过英国和中国进行和解。当时,周恩来总理担任出席会议的中国代表团团长,睿智的周恩来想到中国有一批留学生和科学家被扣留在美国,就说,美国人既然请英国外交官与我们疏通关系,我们就应该抓住这个机会,开辟新的接触渠道。为了进一步表达会谈的诚意,中国释放了4名被扣押的美国飞行员。但是美国人仍然不松手,不愿意放回钱学森等留美科学家。就在这个关键时刻,周恩来收到钱学森辗转从美国寄来的信,这封信是钱学森努力摆脱特务监视,写在一张香烟纸上,夹寄给在比利时亲戚的家书中的。信的内容是请求中国政府帮助他回国。这样一封非同寻常的海外来信,当天就被送到周总理手里。周恩来总理当即做出了周密部署,叫外交部火速把信转交给

正在日内瓦举行中美大使级会谈的王炳南,并指示王炳南用这封信揭穿美国的谎言。在事实面前,美国政府不得不同意钱学森回国的要求。

1955年8月4日,钱学森收到了美国移民局允许他回国的通知。1955年9月17日,钱学森的回国愿望终于实现了。这一天,钱学森带着爱人和子女,登上了"克利夫兰总统号"轮船,踏上回国之路。

钱学森回国后,马上投身于中国的航天事业。当时中国的科学家对火箭技术几乎一无所知,但是在钱学森的领导下,中国迅速从仿制苏联的R-2型导弹,发展到有能力研制一系列大型火箭,并最终利用中国自己生产的三级火箭——"长征一号"将第一颗人造卫星送上了轨道。从1956年到1968年,短短的12年里,中国在一无技术、二无资料、经济基础薄弱、苏联专家突然撤走的状况下,克服种种困难,自主设计、试验、制造并成功地发射了导弹、原子弹和人造地球卫星,跻身世界军事强国行列。这完全是由中国人自己创造的近乎天方夜谭式的神话,也是作为火箭、导弹和卫星总设计师的钱学森的杰作。

庚子赔款 1900年（庚子年），八国联军攻占北京，强迫清政府于1901年订立了《辛丑条约》。《辛丑条约》中规定向各国赔款关平银四亿五千万两，分39年还清，年利息4厘，本息共计九亿八千二百二十三万八千一百五十两，以关税和部分常关税、盐税作担保。这笔赔款因庚子年义和团事件而起，故称为"庚子赔款"。

❋ ❋ ❋

科学虽没有国界，但是学者却有他自己的国家。

——［法］巴斯德

闹中读出清静心

毛泽东酷爱读书，可是他一生戎马倥偬，难得有时间安安静静地坐下来读书。他是怎么样把那些书读进去的呢？年轻时代的毛泽东很注意规划自己的未来，他似乎提前预料到了自己必将长期在"动荡"中寻求真理，这就需要他练就一套特殊的读书本领。

年轻时代的毛泽东就读于湖南省立第一师范，他感兴趣的科目有社会科学、文学、哲学等。上课时，他很用心地听讲，认真做笔记，把自己认为有用的东西都工整地记录下来，课余和自修时间也孜孜不倦地钻研。当时的湖南省立第一师范教学条件比较差，但一点也不影响他学习的热情。他经常组织学习小组、研讨班，和同学们进行学问上的探讨、切磋。

当时,学校里面有一些富贵人家的子弟,他们来学校并不是真的想要获得知识,仅仅是因为这所学校在社会上有较好的名声,进入这里可以使他们显得更有身份、更有地位,从而成为他们四处炫耀的资本;还有一些学生,因为家庭比较困难,千万百计地谋求进入第一师范,目的只是为了将来找一份好工作,得到达官贵人的赏识。这些不爱读书的人,不仅课上不好好学,平时在宿舍里也是吵吵闹闹,让那些想读书的人都读不好书。

毛泽东有一个朋友,平时读书很用功,但是他有一个"毛病":一定要周围特别安静才能读得进去,为此,他不得不四处"躲避"那些吵吵闹闹的人。可是他发现,想找一个安静的读书地方太难了。

眼看期末快到了,自己的学习效率越来越低,他非常着急,于是就去找毛泽东商量应付的办法。

"嗯,他们这样做确实不对。应该向教务长反映这些情况。不过……"

"不过什么?"

"不过,反过来说,这也说明你的抗干扰能力比较差,问题主要还是出在主观上,毕竟环境是外在的……"

"环境难道不重要吗?你想想'孟母三迁',不就是说

明周围环境决定了一个人的成长吗?"

"环境是很重要,但是个人对环境的适应与改造更重要。我们看问题应该更辩证一些,'孟母三迁'的老故事虽然有一定的道理,但是我总觉得,一个人要是精力集中,心无旁骛,就能做到超然物外,不受任何干扰……"

"你说得容易!要找干扰,我看你可以去成章大街读书。把你这套理论试试用在自己身上,再来教训我吧。"

毛泽东是一个不服输的人,他也想检验一下自己的理论到底行不行得通。"那好,我明天就去成章大街!"

成章大街是当时长沙最繁荣的街道。两边铺户林立,街上"当当"电车来来回回,人群熙熙攘攘,大街上每天都跟过节似的人山人海。店铺里小伙计招呼客人的喊声;走街串巷的手工艺人的吆喝声;围着摆地摊的、练把式的看热闹的人不时爆发出震山响的叫好声。有人在打架;有人在争吵;有人在讨论;有人在闲聊;有人在问东问西;有人在说三道四。没有一个角落是安静的。毛泽东就是要在这里,试一试自己到底能不能读进去书。

第二天上午十点,店铺都陆续开张了,毛泽东已经坐在了街心那座石狮子像下面,手里捧着一本严复的《天演论》。他抬起头,拍了拍狮子雄壮的大腿,心想:"好兄弟,

往日你都孤单单的,今天我来陪你吧……你来给我做证,看看我毛泽东能不能说到做到!"就这样,他开始读了起来。

虽然人越来越多,各种声音凑在一起嗡嗡直响,但还算能够忍受。最叫人受不了的,是那种突如其来的声音,往往把人吓一大跳。毛泽东抬起头,看见一个大婶坐在自己对面的小杂货店门口,正手忙脚乱地哄婴儿。那婴儿今天情绪好像很不好,一个劲地号哭。大婶看见了正在读书的毛泽东,一脸歉意,那表情好像在说:"对不起啊,我这又得看孩子,又得守门店的,打扰您了……"

毛泽东笑了笑,向她善意地点点头,表示没有关系。"哎,要不我换个地方吧……婴儿可不好哄啊。"正当他站起身准备离开之际,又一转念:"我来这儿的目的不就是想看看自己的抗干扰能力吗?一个婴儿的哭声就把我吓走了,以后拿枪打仗的话,还怎么看书?对,留下!"他又重新坐好,好像给自己鼓劲似的,身子坐得更直了。很快,毛泽东就沉浸在书中的世界里了。

转眼天黑了,等到书上的字都变得模糊了,毛泽东才从书中"苏醒"过来。"啊,天黑了!……严复的书写得真不错。嗯,里面讲的社会进步的道理还有一两处没有完全

理解。手边没带笔,赶紧回去记下来,明天好向先生请教啊!走!"毛泽东霍地站了起来,"哟!居然真这样读了一天书啊!"想起今天来此读书的起因,连自己都笑了。举头看着已经安静的街面,人影稀少,各家店铺纷纷打烊。那位哄孩子的大婶也在收拾东西了。毛泽东向她微微颔首,转身消失在暮色中。

朋友早已在宿舍里等着毛泽东了。等毛泽东一踏进门,赶紧迎了上去。"润之,你真的坚持了一天?!你怎么这么拧,为了这么个赌,你还真叫劲!看,你的脸皮都快烤熟了!"

毛泽东拿起一碗水一饮而尽,擦了擦嘴角,哈哈一笑,"你错了!准确地说,我今天可不是为了打赌才去的。我也要试一试我的这些看法到底行不行得通。没有调查研究就没有发言权嘛……要说读书应该有个好环境也没错,但是不能因为没有好环境我们就不读书了啊,你说是不是这个理。所以,今天我是做实验去了。"

说着,毛泽东小心地从怀里拿出书放回书桌上。朋友瞟了一眼,惊叹道:"真有你的!你,你居然拿《天演论》去读啊!"

"是啊,我特意挑了这本难读的《天演论》。我想,不仅要去,还要真读。如果能把老师布置的这本书读进去了,才算真正的实验,否则糊弄的不是别人,是自己啊。"

"真有你的,润之!我就知道跟你打赌准难赢!"

"严格地说,我们谁都没赢谁都没输。关键是我们从中可以悟出一些道理:有些人不怎么读书,是因为他们把读书这件事看得过轻,觉得不读书没什么,所以他会找出种种理由不读。奇怪的是另一些人,他们不怎么读书是因为把读书这件事看得过重,觉得读书要郑重其事,要有很好的条件才成。譬如读书要有充足的时间、要有不受干扰的环境、要有良好的学习气氛,诸如此类。我认为,后一类人的理由,说出来其实和前一类人的理由差不多。不一样的,只是后一类人往往还期待着将来,他在心里对自己说,等到条件都完满的那一天,我一定会好好读书。这其实是自我欺骗。因为条件总是很难达到,不是这里不如意就是那儿不称心,所以结果也一样,总是不怎么读书。即使有,到时候还是会找出不能称心如意的地方。再说,一个人不好好念书,那么,任何时候任何地方都有不读书的理由:房间太冷、光线太强、声音太吵、蚊子太多,这样的抱怨不过是为自己开脱而已。有的人心情坏的时候不想读书,心情太好也不想读书,心情不好不坏时觉得没劲,还是不想读书。不想读书,一年四季都可以不读。"

"你说得对,不是有那句诗嘛:'春天不是读书天,夏日炎炎正好眠,过了秋天又冬至,收拾书箱过新年。'"朋友赞

许地接过了毛泽东的话,"所以,读书的环境是个观念问题。读书的观念问题解决了,读书的地点问题也可以找到答案。没有最理想的读书大环境,也没有最理想的读书小环境。"

毛泽东哈哈一笑:"你总算明白了,一个人有读书的心境时,随便什么地方都可以读书。如果一个人知道读书的乐趣,无论在什么环境下都会读书。其实,读书不是一日之功,天天读则见识广;实践千日不嫌长,常常做则本领多。读书没有大小环境之分,也没有四时之别。古人云,'读书不择地,专精必有成'。古时候,有人把柴捎在背后,拿着书在手里读;有的骑在牛背上,将书挂在牛角上读;有的在蚊声如雷的夏夜,捉了萤火虫照着读;有的在寒风凛冽的冬夜,捧着书映着雪读。看似在这种环境中读书条件太差,也太苦了点,那么为何还孜孜不倦?道理很简单,兴趣使然。处处皆书香,时时可用功。"

就这样,两人你一言我一句地交谈开来,从读书说到了很远很远。

第二天,成章大街上又多了一个读书的身影……

《天演论》 清朝末年,甲午海战的惨败,再次将中华民族推到了危亡的关头。此时,严复翻译了英国生物学家赫胥黎的《天演论》,并于1897年12月在天津出版的《国闻汇编》刊出。该书问世后产生了严复始料未及的巨大社会反响,维新派领袖康有为见此译稿后,发出"眼中未见有此等人"的赞叹,称严复"译《天演论》为中国西学第一者也"。

＊ ＊ ＊

道虽迩,不行不至;事虽小,不为不成。

——(战国)荀况

农村改革先锋

小岗村是中国农村改革的发源地,是中国十大名村之一,位于凤阳县东部约 40 千米处。1978 年以前,人民公社制度把全国农民牢牢地拴在了土地上,农业生产效率低下,"大锅饭"的弊端毕现。

小岗村是远近闻名的"三靠村"——"吃粮靠返销、用钱靠救济、生产靠贷款"。1978 年的安徽,从春季开始就出现了旱情,全省夏粮大减产。小岗村的农民在走投无路的情况下,选择了包产到户这条路。1978 年 11 月 24 日晚上,在安徽省凤阳县小岗生产队的一间破草屋里,18 个衣衫老旧、面色蜡黄的农民,借助一盏昏暗的煤油灯发出的微光,面对一张契约,一个个神情紧张地按下血红的手印,并发誓:"宁愿坐牢杀头,也要分田到户搞包干"。这份

　　后来被保存在中国革命博物馆的大包干契约,被认为是中国农村改革的"第一枪"。出人意料的是第二年小岗村就实现了大丰收,不仅向国家交了公粮,还还了贷款。在当时的安徽省委书记万里的强力支持下,小岗村的大包干经验在安徽全境推广。

　　这是小岗村的第一张红手印,也是给中国农村带来巨大变化的红手印。但遗憾的是小岗村起了个大早,却赶了个晚集。小岗村村民们一夜越过温饱线,但用了20年也没跨过富裕槛,直到20世纪90年代,小岗村依然处在刚过温饱线的状态。

　　这时,一个人的到来改变了小岗,他就是被誉为"小岗之子"的沈浩。

　　2004年2月,一次谈话打破了沈浩生活的平静。安徽省财政厅领导找他谈话,要选派他到凤阳县小岗村挂职,任期3年。

　　从省、市、县三级机关选派年轻优秀党员干部到村镇挂职,帮助农村发展经济,加强基层党的建设,这是省委的统一部署,从2001年开始实施,到沈浩是第二批。经过层层遴选,沈浩脱颖而出。当领导询问他家庭是否有困难时,他不加掩饰地回答说:"家家都有一本难念的经,家里的困难我自己能克服。"

沈浩下定决心后,开始给家人做思想工作:"不就是3年嘛,满打满算还不到1100天,挺一挺就熬过去了。再说,小岗到合肥并不远,开车几个小时就到了,我还可以经常回家。"这句安慰家人的话,他说了无数遍。

沈浩最担心的不是克服家庭阻力的问题,而是自己能否当好这个村官。大学毕业后,沈浩一直在省财政厅工作,专业对口,学有所用,工作顺利。他虽然出生在农村,对农民有着朴素的感情,可一点在基层工作的经验也没有,他很担心自己承担不了这重任。

虽然心里有很多担心,但是沈浩对干好农村工作有着极大的热情。走马上任时他39岁。

他花两个月的时间,把全村108户人家挨家挨户跑了两遍,与每一个村民促膝谈心,向村民讲明一个道理:只有小岗村发展了村民才能富裕。他带着村里36个党员干部和群众代表去华西等先进村参观考察,一路走一路讨论:与先进村比,我们的差距在哪里?小岗下一步该怎么办?

在争取到一笔50万元的资金后,沈浩决定在小岗村修建一条水泥路。

在修路的过程中,沈浩没有采取招投标的形式,而是将全村男女老少组织起来,同工同劳,按劳给酬。这样做一是为了省钱,二是为了唤起每一个村民对小岗事业的参

与感。这是小岗村自大包干以来的第一次集体劳动,又是为自己村修路,人人情绪饱满,热情高涨。

沈浩自己也天天泡在工地上,扛水泥,拌砂浆,什么活都干。有一天傍晚,沈浩看见水泥桶倒在地上,眼看流到地上的水泥就要凝固了。沈浩袖子一挽,双手插进水泥里,一捧一捧地捧起来。路过的村民看到了,也赶紧下手捧,一桶水泥就这样被捧了个干净。

这件小事,传遍了全村。小岗人心里明白了:这个书记是来干实事的!

被命名为"友谊大道"的水泥路高质量地完成了,节约了一半的资金。小岗村召开了隆重的表彰大会,沈浩为每一位获奖者戴上大红花,送上奖金。小岗人笑了……

2006年,小岗村人均收入已经超过5000元。"20年没跨过富裕槛"的问题,在沈浩任职的第三年被解决。

这一年,小岗人有了心事,因为眼看沈浩挂职期满,要回省城了。大包干带头人严金昌和他的老伙伴们凑到了一起。这些当年连杀头、坐牢都不怕的人,这一次,真的怕了。怕啥?怕沈浩走。他们合计着,无论如何也得把沈浩留下。说办就办。几天后,一张摁着98个小岗村村民红手印的"请愿书"被递到了省城,请求让沈浩在小岗再干3年。

还有什么比摁下一个红手印更能表达一个中国农民的情感？掏心掏肺的心愿，都浓缩在这一个个红手印里了。

组织上征求沈浩的意见，他低着头，沉默不语。家有老母妻女，他也十分牵挂。

最终，他还是做出了留在小岗村的选择。98个红手印，拴住了他的心……

这张印满红手印的请愿书带领着小岗振翅高飞，它是小岗人奔向未来的梦！

外表憨憨的沈浩，有着灵活的经济头脑。财经专业背景和在省财政厅工作的经历，让他在经济发展与改革的大潮中目光超前。

他在村支部会上说："纪念改革的最好方式就是继续深化改革！"他提出，只有搞现代农业，小岗才能大发展。

祖祖辈辈刨地取食的农民，从不轻信抽象理论，没见到碗里的饭，一切都是空谈。小岗村开展土地流转的第一个项目，是建造占地200亩的养猪场。

一开始，很多人都不理解。这其中也包括当年摁下生死红手印的大包干带头人严金昌。

沈浩和村支部副书记张秀华一趟一趟地往严家跑，老人脸向东，他们转到东，老人面朝西，他们又转到西，苦口

婆心。

严金昌最终被沈浩的诚恳与坚持感动,土地流转的优惠政策以及丰厚的收益也吸引着他。

实践是检验真理的唯一标准。小岗村现代化养猪场饲养的高山特色风味猪直接销往上海等地的大型超市,价格是普通猪的2倍,小岗人尝到了发展现代农业的实惠。土地流转的农户,除去一年每亩地500元的租金,还在养猪场干活,挣劳务工资,再加上年终分红,一年的收入比过去翻了好几倍。

随后,村里除发展粮食生产外,还发展葡萄种植、双孢菇培植、甜叶菊种植等一系列现代农业产业。严金昌的儿子严德友通过土地流转,一个人承包了200亩葡萄园,每亩收益是过去的10倍。父子俩逢人就讲:"现代化农业是小岗人的救星!"

村里还顺利地实现了招商引资,办起了钢构厂、装饰材料厂和节能电器公司等工业企业。多家大型现代化企业入驻小岗,其中包括美国GLG集团农产品深加工高科技产业园、广州从玉菜业有限公司、深圳普朗特集团的生态农业园等等。

新的小岗,在深化改革的阵痛中,凤凰涅槃。

2008年,小岗村农民人均收入达到6600元,高出凤

阳县农民人均水平2000多元,比安徽省人均水平高出39%,是沈浩初到小岗村时的3倍。

2009年秋,眼看沈浩的第二个3年又要到期了,小岗人再次坐不住了。大包干带头人严金昌试探着问沈浩:"你给我们个实话,到年底还愿不愿留下来?"沈浩笑了:"只要你们欢迎我,我愿一辈子留在小岗!"

2009年9月24日,小岗人又摁下了186个红手印,再次挽留沈浩。这纸红手印,寄托了富裕起来的小岗人更远大的梦想……

2009年11月6日早晨,平静的小岗村突然传出一个噩耗:沈书记走了!村民们带着疑问和震惊从四面八方赶来!

第一个发现沈书记去世的是房东马家献和村民杜永兰。

沈浩走的时候身边没有一个亲人。清理沈浩的遗物时,沈浩的妻子王晓勤和女儿沈王一来到沈浩小岗的住处。这是一间普通的民宅,面积不到15平方米,一张床、一张桌子、一个沙发,占据了房内大部分空间。阳台上挂着几件没有晾干的衣服,床前摆着一双沾满泥土的皮鞋。

看到眼前的一切,王晓勤深深自责:一个男人出门在外,多么需要家庭的温暖和亲人的照顾啊!作为妻子,自

己没有做到,让他带着遗憾走了。知夫莫若妻,她知道自己的丈夫是个有理想、有抱负的大男人,大男人就要成就一番大事业。沈浩的确是想干一番大事业,他早已在心中给小岗描绘过一张蓝图,未来的小岗,不再是小岗人的小岗,而是中国的小岗,是世界的小岗。他已经为小岗村制定了"三步走"的发展规划和建设"四型村"的方案……

这一天,小岗人无不沉浸在巨大的悲痛之中。一纸"请愿书"默默地在一双又一双手中传递,在满是泪水的纸上,村民们再一次摁下了一个又一个红手印……

"请让我们的沈书记永远地留在小岗……"

这也许也是沈浩最后的愿望了。他在给小岗村公墓选址时曾说过:"将来我死了,就埋在这里。"这个"将来"让人痛断心肠!

沈浩与红手印一起永远地留在了小岗村。他用短暂而绚丽的生命火焰,在这片厚重的土地上抒写了传奇。

30年前为了生存,30年后为了生活,小岗村的发展过程反映了中国农村和中国农民的巨大变化。而今,这片创造过奇迹的热土,正在等待着"新沈浩",等待着继续蓬勃发展的未来。

知识链接

家庭联产承包责任制 家庭联产承包责任制是指农户以家庭为单位向集体组织承包土地等生产资料,并承担相应生产任务的农业生产责任制形式。它的基本特点是在保留集体经济必要的统一经营的同时,集体将土地和其他生产资料承包给农户,承包户根据承包合同规定的权限,独立做出经营决策,并在完成国家和集体任务的前提下分享经营成果。

❋ ❋ ❋

为什么我的眼里常含泪水,因为我对这土地爱得深沉。

——艾青

宁愿西行一步死

公元627年,大唐帝国国境最西边的一座小城经历了一场天灾。这一年,暴雨接连下了好多天,城外的庄稼几乎全部被暴雨毁坏。人们没有玉米、麦面吃,就将野菜挖得精光。在城里待不下去了,饥饿的灾民们纷纷向城外逃去。正是日暮时分,一群灾民拥挤着向西城门外走去。守城的士兵看见是灾民,便也睁一只眼闭一只眼,打算放他们一条生路。就在这时,一个士兵突然举起手中的长矛拦下了一个灾民:"站住!你是干什么的?"

这个被拦住的人穿着破破烂烂的衣裳,瘦骨嶙峋,满脸沾着草灰,看起来和其他灾民没有任何区别。士兵对他看了看,一挥手:"你走吧,我认错人了。"被拦住的那个人没说一句话,只是顺着人流很快出了城。夜色降临,站在

大唐边城外的土地上,他深深地吸了一口气。他回头看着灯火闪耀的城楼,在心里默默说道:"我的故乡,再见了。"

这个混在灾民里出边城的人,就是大唐高僧玄奘。玄奘出生在一个贫寒的家庭,在很小的时候,他就被送去寺院里修行。不知道为什么,这个小小的孩子好像天生和佛教有缘。他孜孜不倦地翻阅那些厚厚的佛教典籍,将佛教经义熟记在心,反复揣摩那些经典中的深奥含义。十三岁时,玄奘破格接受了剃度,成了整个大唐王朝年龄最小的僧人。他的师父见他年纪虽小,但却聪明灵敏,心志坚定,便带他先后到了成都、扬州、长安等地,让他拜访当地的高僧,学习更加精深的佛法经义。一年又一年,在游学的过程中,玄奘掌握了众多的经义。他在荆州讲经时,连六十多岁的大德智琰也特地赶来聆听。听完,大德智琰赞叹道:"小小年纪便能精通如此深邃的佛法,往后佛法必能光耀我大唐国土啊。"

可是,玄奘却并不就此满足。在不断的读经、讲经以及和高僧辩经的过程中,他渐渐发现,各派学说分歧太大,很难有一个定论,而这一切都是因为传到大唐的佛经是零散的,丢失太多,遗漏太多。想了几天几夜后,年轻的玄奘发愿要去佛学的发源地——天竺国去求取真经。

当时,唐朝政府严禁百姓私自出国,边关城镇的稽查尤其严格。然而，玄奘意志坚定。他到达西边的边关小城后，扮作一个普通百姓，混在灾民中出了城。随后，玄奘很快就进入了茫茫沙漠。沙漠一眼望不到尽头，玄奘估算了方位，一个人向沙漠深处走去。可是，很快他就发现，自己低估了沙漠的威力。这无边无际的沙漠好像能吞噬人的生命，每走一步，他都感觉喉咙在冒烟，一双腿就像灌了铅一样沉重。

"宁愿西行一步死，不向东土半步生。"玄奘默念着自己的誓言。实在累得要命，他就停下来休息一会儿。他也不知道自己走了多久。只见太阳升起来了，沙漠雾气蒸腾，炽热的阳光烤得他浑身滚烫。月亮升上来了，四野无声无息。沙漠的寒夜几乎带走了他身上最后一丝热量，他冻得直打哆嗦。过了一个时辰又一个时辰，他每一分钟都备受煎熬。玄奘昏昏沉沉地走着，突然腿脚一软，从一个沙丘上摔了下去。这一摔将剩下的最后一袋水洒在沙漠里，只一会儿工夫就一滴不剩了。这可怎么办？捧着空空的水袋，玄奘欲哭无泪。他知道，此刻他还可以向后转，他留下的脚印还没有被沙子完全覆盖，他还可以循迹返回大唐。而前方呢，玄奘抬起头，只见风吹过茫茫无尽的沙海，连他自己都不知道，他所走的这条路是不是真的能够穿过沙漠，通往天竺。也罢，索性能走多久是多久吧。玄奘抬起

腿,机械地向前走去。口中默念佛号的玄奘跌跌撞撞地走着,身体虽然疲倦至极,心里却平静如水。不知道什么时候,玄奘晕倒了。他在梦中看到了一湾清泉。月光下,平静的水面微微发着光,空气中似乎飘来一丝清新的气息。玄奘睁开眼睛,似乎有一种奇异的力量引导着他向前走去。月光下真的出现了一湾清泉,和他梦中所见的情景几乎一模一样。这一湾清泉拯救了四天四夜滴水未进的玄奘。

穿越沙漠是玄奘经过的无数艰难险阻之一。穿越沙漠之后,玄奘先后经过哈密、高昌、龟兹等西域国家,越过天山,到达素叶城,出铁门,渡过缚刍河,翻越大雪山。这一路上,他曾无数次死里逃生,终于进入印度,在最负盛名的天竺国王舍城外的那烂陀寺求学五年。

在那烂陀寺,玄奘如饥似渴地攻读佛教原典。他师从戒贤法师,多次参加宗教辩论大会,每次都能获胜。很快,不光是天竺国,印度其他国家的人也都知道了这个大唐高僧的名字。印度戒日国王喜好佛法。他派人来请玄奘到他的国家讲经,玄奘欣然接受了邀请。到达戒日国后,玄奘对国王讲了三天三夜的佛法。国王叹服不已,感到玄奘的佛法修为十分精深。国王特意召集各国僧侣都来到曲女城,在这里召开辩论大会,这就是佛教史上著名的曲女城辩论大会。印度十八国国王全部列席,三千多名大小乘

高僧、两千多位婆罗门教徒参加会议,一千多位那烂陀寺寺僧到场。玄奘作为论主,登上宝座,在正式开始讲经前合掌说道:"如果我所说的有一字无理,有人能纠正我,我愿当场斩首谢罪。"这一次讲经,每天从早到晚,一共持续了十八天。玄奘眉宇肃穆,高坐在宝座之上,用纯熟的梵语滔滔不绝地阐释佛法。台下的听众都折服于玄奘精辟的论说,连一个敢和他辩论的人都没有。大会结束之后,所有的人一起起立欢呼。戒日国国王请玄奘坐上一头装饰华丽的大象,绕场一周。人们纷纷跪下,为玄奘献上数不尽的鲜花和金银饰物。

曲女城辩论大会结束之后,玄奘思念祖国的心情越来越迫切。643年春天,西游十七年的玄奘辞别了戒日国国王和天竺的朋友们,启程回到长安。

返回长安之后,玄奘马上组织各地高僧一百多人,着手翻译佛经。他这一生最大的愿望就是传播佛典,让佛光普照大唐国土。无论是当年奋不顾身的西行,还是如今勤劳刻苦的译经,回顾一生,他从未有过丝毫的懈怠,没有浪费过哪怕一丁点儿的时间。那时候,跟随玄奘译经的僧人们注意到,这位声名显赫的高僧常常是三更才睡下,五更就又醒了。从前他是用双脚跋涉,现在是用一管笔,又开始了夜以继日、无怨无悔的孤身跋涉。又是一个十九年,

玄奘与他的门徒一起，共译出佛经七十四部、总计一千三百多卷。664年，玄奘向自己的弟子仔细交代了其余经书收藏、译制、印刷的相关事情，心情无比宁静，度过了圆满的一生。664年2月，玄奘病逝于长安玉华宫内。这一生，他为了自己的宏愿奋斗不止，再回顾这漫长的岁月，他知道自己无悔无憾。

玄奘，这位大智大勇的高僧，他的故事流传至今。今天西安市大雁塔前立着一座雄伟的铜像。一位手执禅杖、作行脚僧装扮的僧人坚定地注视着前方，迈开步伐，似乎正要向他注目的地方走去，他就是玄奘。玄奘的精神鼓舞着千百年来的人们：人生贵在有追求，哪怕脚下路迢迢。

大雁塔　大雁塔被视为古都西安的象征。唐朝永徽三年(652年)，为保存玄奘法师由天竺经丝绸之路带回长安的经卷、佛像，唐朝政府修筑了大雁塔。大雁塔塔身一共七层，作为现存建造最早、规模最大的唐代四方楼阁式砖塔，大雁塔是佛塔这一印度佛寺的建筑形式随着佛教传播而东传中原地区的典型物证。早在唐中宗神龙年间(705—706年)，雁塔题名就已形成风俗。及第的新科进士先要一起在

曲江(皇帝也必于曲江边的楼上垂帘观看)杏园参加国宴,然后登临大雁塔,并题名塔壁留念。当年二十七岁的白居易成为进士,写下了"慈恩塔下题名处,十七人中最少年"的诗句。

❋ ❋ ❋

宁愿西行一步死,不向东土半步生。

——(唐)玄奘

弃文学理为救国

1931年一个秋风萧瑟的日子,一个19岁的年轻人和同学一起走进了圆明园,实地感受了中华民族被侵略的屈辱史。曾有"东方凡尔赛宫"之称的万园之园圆明园如今已是满目疮痍。这个青年震惊了、愤怒了,决定弃文学理,他要研制飞机、大炮,要走科学救国之路。1941年夏天,这个年轻人与他的导师合作写出了世界上第一篇有关弹性板壳统一内禀理论的论文。爱因斯坦看到这篇论文后说:"我这一辈子,只有这个问题没有解决,我一直睡不好觉,一直在研究,还有东西没弄清楚。弹性板壳的内禀理论把问题弄清楚了。"爱因斯坦提到的这篇文章与众多学术权威的文章一道发表在世界导弹之父——冯·卡门60岁的祝寿文集里。文集作者中只有一个人是年轻人,他就

是钱伟长。

钱伟长是中国著名的力学家、应用数学家、教育家和社会活动家,是中国近代力学、应用数学的奠基人之一。1912年10月9日,钱伟长出生在江苏省无锡县七房桥镇一个贫困的书香世家。小时候,他和小伙伴们在池塘里捉过虾、摸过鱼,他也曾采桑叶、养蚕宝宝和刺绣。钱家是一个大家庭,钱伟长的父亲钱挚和四叔钱穆具有深厚的中国文化和历史素养,他的六叔和八叔分别以诗词、书法和小品、杂文见长。在长辈们的熏陶下,钱伟长喜欢上了祖国的传统文化。他在进小学以前就读过《水浒传》《春秋》《左传》《史记》和《汉书》等著作。

初中毕业后,祖母和母亲希望钱伟长尽快找份工作,养家糊口。父亲和四叔则支持他继续求学。虽然侥幸升入高中,但是在那个军阀混战的年代,学校经常停课。11年的小学与初中生活中,钱伟长真正在学校读书的时间加起来不到5年。在学校期间,他只学了一点点数学知识,没有学过物理和外语。幸运的钱伟长遇到了一个负责任的班主任。在自修室熄灯后,班主任老师便带着他去自己的办公室挑灯夜读。

中学时期的钱伟长文史类科目成绩优异,报考大学时,他同时被5所名牌大学录取。他按照叔父钱穆的提

议,以中文和历史两科 100 分的成绩进入了清华大学历史系。

入学没多久,钱伟长从收音机里听到了"九一八"事变的消息。他拍案而起,说:"我不读历史系了,我要学造飞机大炮,要转学物理以振兴中国的军力。"他找到物理系主任吴有训教授,要求转读物理系。吴有训教授在查看了他的入学考试成绩后,对他说:"你的数理化总共得分 25 分,中文和历史考这么好,你还是读历史系吧。"从被拒绝的那天起,吴有训走到哪里,钱伟长就跟到哪里。没办法,吴有训教授有条件地让了步:"你先试读一年,这一年结束时,化学、物理、高等数学这三门课,你要每门都能考 70 分,才收你。若有一门考不到,就转回文学院。"这个条件虽然很苛刻,但不是没有实现的可能。钱伟长天天躲在一个小角落里,不停地在草稿纸上演算。他一天最多睡 5 个小时,早晨五六点起床到科学馆读书,晚上学校 10 点熄灯后,他就躲在厕所的角落里看书,直到凌晨才悄悄返回宿舍。一年后,钱伟长成功地跨过了吴教授给他设定的门槛。和他一起要求转进物理系的有 5 个人,他是唯一成功的。4 年后,他成为清华大学物理系最出色的学生。

1939 年 9 月 2 日,中英庚款第七届留英学生 22 人抵达香港时,第二次世界大战爆发,所有赴英客轮扣作军用,

钱伟长等学生的留学计划被迫延期。由于爆发战争,英国许多知名教授都逃到了加拿大,几个月后,钱伟长被通知从上海坐船去加拿大留学。上船后,钱伟长和同学发现护照上有日本签证,大家认为宁可不留学也不能接受侵略国的签证。他们一起把护照扔到黄浦江里,留学又未能成行。1940年8月,钱伟长一行人第三次接到通知,他们可以再度乘船去加拿大多伦多大学。钱伟长对特意前来送行的四叔钱穆说:"我此次出国,绝不是为了自己,也不是为了家庭,而是走一条科学救国的道路。"在多伦多大学,由于在弹性板壳统一内禀理论研究方面取得巨大成就,钱伟长得到了世界导弹之父——冯·卡门的赏识。

"二战"期间,英国伦敦遭受德国导弹威胁,当时的英国首相丘吉尔向美国请求援助。这个消息传到冯·卡门教授主持的喷气推进研究所。当时,钱伟长正在这个研究所从事火箭、导弹的设计试制工作。他在仔细研究德国导弹的射程和射点后发现,德国的火箭多发自欧洲的西海岸,而落点则在英国伦敦的东区,这说明德军导弹的最大射程也就如此了。钱伟长提出,只要在伦敦的市中心地面制造多次被击中的假象,以此蒙蔽德军,使之仍按原射程组织攻击,伦敦市内就可免遭导弹袭击,英国政府接受了这一建议。这一招很有效,几年后,丘吉尔在他的回忆录

中谈及此事时,赞赏道:"美国青年真厉害。"丘吉尔直到最后也不知道,这个青年不是美国人,而是中国人。

在得知日本战败投降的消息后,钱伟长向有关部门提出回国请求。由于他在美国从事的是火箭、导弹技术研究,美国有关方面劝他留下。最终,钱伟长以思念家人和不曾见面的6岁儿子为由,申请回国探亲。1946年8月6日,这位一心报国的动力学家只随身带了简单的行李和几本书,一路辗转,回到了阔别多年的北京清华园。

回国后,钱伟长几乎承担了清华大学、北京大学和燕京大学的应用力学、材料力学、理论力学、弹性力学等所有课程,还担任《清华工程学报》主编,承担审稿工作。也就是在这一时期,他在科学理论和工程技术上取得了许多开创性的成果。

后来,钱伟长接到周恩来总理特派的任务,研究坦克电池。可是,钱伟长并不懂电池。为了研制坦克用的高性能电池,解决我国坦克"走着走着就停了"的问题,他骑着自行车跑遍了北京所有跟电池有关的单位,查了300多万字的资料,花了一年多时间,终于研制出比美国通用公司电池性能更好的电池。

2010年,钱伟长被评为"感动中国"年度人物,组委会评价他:"从义理到物理,从固体到流体,顺逆交替,委屈不曲,荣辱数变,老而弥坚,这就是他人生的完美力学,无名无利无悔,有情有义有祖国。"

"九一八"事变 "九一八"事变又称"沈阳事变""奉天事变""满洲事变"等。1931年9月18日,日本关东军自行炸毁沈阳北郊柳条湖附近的一段路轨,反而诬栽于中国军队。日军以此为借口,进攻东北军驻地北大营和炮轰沈阳城。9月19日,日军占领了沈阳。1932年2月,东北全境沦陷。"九一八"事变是日本帝国主义精心策划的为实现其独占东北而灭亡中国的图谋所采取的一个决定性步骤。

＊ ＊ ＊

我无论做什么,始终在想着,只要我的精力允许我的话,我就要首先为我的祖国服务。

——[俄]巴甫洛夫

举家食粥著"红楼"

在中国文坛上,扬名海外的作家不少。但是,能够默默无闻举家食粥十载,辛辛苦苦著就一部作品,从而扬名海外、流芳千古的作家,除曹雪芹外绝无他人。

曹雪芹是清代著名的文学家、小说家。他出身于大官僚地主家庭。家道衰落后,他饱尝人间辛酸,后以坚忍之毅力,过着举家食粥的日子,在悼红轩中批阅十载、增删五次,写出"满纸荒唐言、一把辛酸泪"的伟大作品《红楼梦》,真可谓"都云作者痴,谁解其中味"。

康熙五十四年(1715年),曹雪芹生于江苏南京利济巷江宁织造府署。他的曾祖父曹玺曾任江宁织造;曾祖母孙氏曾服侍过幼时的康熙帝玄烨;祖父曹寅做过康熙皇帝的伴读和御前侍卫,后任江宁织造,兼任两淮巡盐监察御

史,极受康熙宠信。康熙六下江南,其中四次由曹寅负责接驾,并住在曹家。康熙五十一年(1712年),曹寅病故,其子曹颙、嗣子曹頫先后继任江宁织造。

曹雪芹就是在这久浸"秦淮风月"的"繁华锦绣"之乡长大的。雍正初年,受封建统治阶级政治斗争的牵连,曹家遭受一系列打击。曹頫以"行为不端""骚扰驿站"和"亏空"罪名被革职,家产被抄。曹頫下狱治罪,被监禁一年有余。这时,曹雪芹只有十三岁,随着全家迁回北京居住。曹家日渐衰微。经历生活中的重大转折,曹雪芹深感世态炎凉,对封建社会有了更清醒、更深刻的认识。他蔑视权贵,远离官场,过着一贫如洗的艰难日子。据说曹雪芹在家道败落后,最初居住在北京崇文门外的卧佛寺。在江南时,曹家就与佛门多有联系,曹雪芹自幼受家庭熏陶,与僧尼寺庵交往接触自是情理中的事。所以在他穷困潦倒之时,就寄居卧佛寺,甚至在此期间开始构思《红楼梦》。《红楼梦》第一回便写一寄居葫芦庙的穷儒贾雨村,此处大概影射的是作者寄居卧佛寺、作文卖字、过了中午还吃不上饭的落魄生活状况。

乾隆四年(1739年),本就处在风雨飘摇中的曹家因"弘晳逆案"受到牵连,再次遭受重创。亲眼目睹自己的家庭一步步从富贵走向败落,曹雪芹并没有因此而绝望,而

是开始孕育"醉余奋扫如椽笔,写出胸中块垒时"的宏大意愿,这也正是后来他写作《红楼梦》的真正原因。

后来,为了糊口,曹雪芹先在内务府做过短时期的堂主事,即整理文书档案的工作。乾隆十年(1745年)前后,曹雪芹在专为皇室子弟开设的官学——右翼宗学管理日常事务两年。在这里,曹雪芹结识了宗室子弟敦敏和敦诚两兄弟。他们因为有过同样的经历而成了知己。

乾隆十五年(1750年)前后,曹雪芹的境况越来越差。他在城里已经没了立足之地,便搬到香山卧佛寺附近的西山黄叶村居住,过着"茅椽蓬牖,瓦灶绳床"的困顿生活。据说敦敏、敦诚兄弟二人有一次带着几罐好酒去西山看望曹雪芹,曹雪芹实在太贫穷,只好采摘瓜花做下酒菜。此事让敦诚终生难忘,于是他写了脍炙人口的名句"瓜花饮酒心头乐"。另外,据敦诚、敦敏的诗,曹雪芹和妻子、儿子一家三口常常喝粥。但曹雪芹嗜爱喝酒,没钱买,便赊酒喝,待卖了画再还钱。于是便有了"举家食粥酒常赊"的名句流传于世。

然而,就是在这种艰难处境中,曹雪芹却表示,这些"并不足妨我襟怀"。于是他继续集中全部精力,一刻不停地埋头写作《红楼梦》。这种不畏艰辛、执着追求梦想的精神,深深感动了其好友敦诚。后来,敦诚曾写诗(《寄怀曹雪芹》)对他进行鼓励:"劝君莫弹食客铗,劝君莫叩富儿门。残杯冷炙有德色,不如著书黄叶村。"

更为难能可贵的是,尽管曹雪芹自身困顿不堪,但他依然保持着高尚的节操。一方面,他对名与利很漠视。据说曹雪芹青年时就才华出众,能诗能文,绘画也很有名气。当时有人请他到皇宫书院当画师,收入丰厚。但曹雪芹穷而有志,宁肯过苦日子,也不愿去伺候达官贵人。另一方面,虽然曹雪芹身处艰难困苦之中,但他对穷苦人仍非常关心,竭诚相助。据说,曹雪芹有个邻居白媪贫病交迫,孤苦无依。曹雪芹不但常常照顾她的生活,给她治好了眼病,还把自己的草屋让了一间给她,使她不致流离失所。他还教会一个从征伤足、生活困顿、断炊无告的朋友于景廉(字叔度)扎糊风筝卖钱,并为他谱定新样,编写了《南鹞北鸢考工志》。另外,据西山的百姓回忆,曹雪芹医术很高明,为不少人治愈了疾病,一些有钱人患病被曹雪芹医好后,常常会买些东西送给曹雪芹,以报曹雪芹医病之恩。曹雪芹告诉这些人,不要给他买东西,钱先留着,如有病人看病抓不起药,会让病人去找他们,由他们来帮助垫付药费,这不是可以帮助更多的人解除病痛吗?就这样,曹雪芹治愈了许多贫苦百姓的疾病。对于曹雪芹的高明医术、高尚医德,人们都交口称赞。

乾隆二十五年(1760年)秋,曹雪芹的妻子去世。乾隆二十八年(1763年),北京天花病流行,曹雪芹唯一的爱子也得病死了。曹雪芹十分哀伤。他一面奋笔疾书,一面借酒浇愁。不久,他自己也贫病交加,竟在除夕这一天悄然离开了人世,终年不到五十岁。

曹雪芹去世三天后,大年初四,在亲友的帮助和曹雪芹叔父的张罗下,曹雪芹发送安葬的身后事总算有了着落。出殡时,疏疏落落的十几个人,随着灵柩慢慢地走到香山东北山坡的那一片坟地,草草地把曹雪芹葬在他亡儿的冢旁。

一代伟大的作家就这样悄然离世了,但是他以"字字看来皆是血,十年辛苦不寻常"的精神创作的鸿篇巨制《红楼梦》,却一直活到今天。如果曹雪芹没有举家食粥著"红楼"的毅力,没有不慕名利的高尚品质,没有家庭衰败后与下层百姓的亲密接触,或许就根本不可能有《红楼梦》的问世。事实上,已流传两百多年的《红楼梦》以它的无限艺术魅力,名满天下,吸引着一代又一代的"红学"研究者前仆后继地埋头研究,这无疑是对曹雪芹先生举家食粥著"红楼"精神的充分肯定。

知识链接

弘晳逆案 弘晳逆案是指发生在乾隆四年时清朝皇室内部为争夺皇位而发生的一起政治夺权事件。主谋爱新觉罗·弘晳是康熙朝太子胤礽之子。在历经胤礽两立两废变故,雍正、乾隆二帝相继继位后,作为康熙嫡长孙的弘晳心有不甘,且朝中多有持"立嫡立长"的宗室成员附之。事件很快被乾隆帝发觉,他快刀斩乱麻,迅速结案。事后弘晳遭削爵、圈禁,党附者同遭打击。弘晳逆案是康熙末年储位斗争的余波。

❋ ❋ ❋

世事洞明皆学问,人情练达即文章。

——(清)曹雪芹

"险"处好读书

王亚南,中国现代著名的经济学家和教育家,也是第一位将马克思巨著《资本论》翻译、介绍到中国来的学者。他之所以能够取得这样伟大的成就,与其刻苦读书的习惯密切相关。

在武昌第一中学读书的时候,王亚南的室友小刘发现这位"书呆子"有一个奇怪的习惯:读书到深更半夜,疲惫不堪的王亚南往床上一倒,睡不了多久就会一个骨碌翻身下床,披上衣服走到书桌旁继续点灯看书。"这床有什么神力,只要往那上面一倒、一睡、一滚,就能令人精力充沛?"小刘暗中观察了小半年也没看出个究竟。

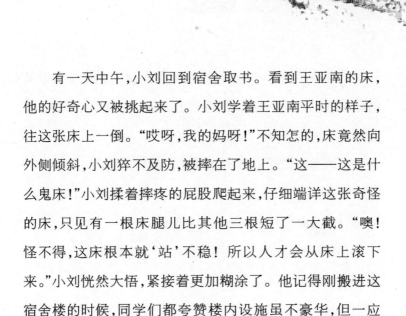

有一天中午,小刘回到宿舍取书。看到王亚南的床,他的好奇心又被挑起来了。小刘学着王亚南平时的样子,往这张床上一倒。"哎呀,我的妈呀!"不知怎的,床竟然向外侧倾斜,小刘猝不及防,被摔在了地上。"这——这是什么鬼床!"小刘揉着摔疼的屁股爬起来,仔细端详这张奇怪的床,只见有一根床腿儿比其他三根短了一大截。"噢!怪不得,这床根本就'站'不稳!所以人才会从床上滚下来。"小刘恍然大悟,紧接着更加糊涂了。他记得刚搬进这宿舍楼的时候,同学们都夸赞楼内设施虽不豪华,但一应俱全,床、衣柜、书桌都是全新的。怎么王亚南这么倒霉,睡了这样一张坏床;更怪的是,他明明睡不好,怎么也不上报学校换一张好床呢?

放学以后,王亚南抱着一堆书回来了,他看到小刘正小心翼翼地坐在自己的床上。"咦,小刘,你怎么坐我床上?"

"你的床有些古怪,我坐坐试试。"小刘努力调整屁股的位置,生怕再从王亚南的床上摔下来。他这副窘样逗得王亚南哈哈大笑。

小刘半开玩笑地说:"笑什么,我问你,你这床为什么'瘸'了?"

王亚南又笑了:"哈哈,这是我自己锯的!"紧接着他又赶紧嘱咐小刘,"别告诉老师!毕业之前我会把它修好的。"

小刘有点懵了:"你锯床腿儿干吗?"

王亚南把怀里的一摞书搁在书桌上,示意小刘让一下,然后"娴熟"地倒在床上又滚下来。

小刘哑然失笑:"你不用给我演示,你每天晚上这么做的时候我都看见了。"

王亚南直起身,一本正经地说:"这是我的'催人奋进床',只要我躺上去、睡着了,稍微翻个身就一定会滚下来。这么一折腾,我又有了精神,可以起来继续读书啦!"小刘愣住了,过了好半天,既无奈又钦佩地摇摇头:"唉,你可真是一块读书的料!"

好学成癖的王亚南后来顺理成章地成为优等生,考上了中华大学教育系。1927 年,这位爱国书生投笔从戎,在长沙参加了北伐军;1928 年,又因为种种机缘赴日留学。1933 年回国后,王亚南参与了"福建事变",因此遭到当局通缉,被迫流亡欧洲。

即使是在颠沛流离的日子里,王亚南的"读书瘾"也丝毫不减,无论逃难的路多么艰难,他总是要随身带上

几本书。

按照逃亡的路线,王亚南要坐船经过阿拉伯半岛最南端,由此进入红海,再经苏伊士运河进入地中海,然后到达目的地欧洲。一路上,王亚南有时靠在墙上,有时坐在桌旁,有时蹲在角落里,只要他能够站稳、坐稳或蹲稳,一双眼睛都盯在书本上。同行的旅客大部分是外国人,看到这个奇怪的"中国书呆",都忍不住悄悄取笑他。

同船旅人中,有个叫詹姆斯的英国人,他是英国剑桥大学哲学专业的毕业生,平时很自负,一看到有人读书,就忍不住要上前去凑个热闹、调侃几句。

他第一次在船上遇见王亚南时,"米斯特王"正捧着一本砖头厚的书坐在餐厅的角落里、目不转睛地读着。"噢,你好,著名的米斯特王!"詹姆斯来到王亚南面前,坏笑着向他伸出右手,用英文跟他打招呼:"你在这条船上非常有名,很高兴认识你!"

王亚南只顾着看书,嘴里"啊啊"地敷衍了两声,把书从右手递到左手,然后伸出右手与詹姆斯的手相握。詹姆斯从来没有被别人这样怠慢过,顿时觉得有点尴尬。他瞅瞅王亚南手里的书——那是一本包了牛皮纸封皮的书,看不到书名。

"王,你在读什么书?"

王亚南头也不抬:"《国富论》。"

詹姆斯眼睛更亮了:"噢,亚当·斯密的《国富论》!"他故意顿了顿,加重了语气,"这是我们大不列颠的宝贵巨著!"

王亚南还是头也不抬:"嗯。"

詹姆斯用充满挑衅意味的语气说:"一个中国人,看我们英国人写的书,是不是受益匪浅?"

王亚南听了,抬起头来,厚厚的圆眼镜后面一双不大的眼睛炯炯有神。他坦然一笑,说:"是的。亚当·斯密是一位了不起的学者,他值得敬佩。"说完,他不再理会詹姆斯,继续专心地读书。詹姆斯讨了好大的没趣,讪讪走开了。当天晚上,他的朋友告诉他,那个书呆子"米斯特王"早在三年之前就将《国富论》翻译成中文,介绍到了中国。"听中国的学生们说,王的翻译水平很高。"朋友对詹姆斯说。

詹姆斯虽然有些傲慢自大,但也是一位崇尚知识、尊重学者的人。听了朋友的话,他不禁对自己先前浅薄无礼的行为感到深深的惭愧。一天,他看到王亚南站在甲板旁边避风的角落、借着天光看书,就主动走上去打招呼:

"王亚南,你好!上次我很抱歉,对你说了无礼的话,希望你原谅我。"说完,他再一次向王亚南伸出了右手,这一次伸手,比第一次要真诚百倍。

王亚南抬起头,看着詹姆斯,笑了,也伸出了自己的右手:"没关系!"

从此,二人成了莫逆之交。

客船行驶到了红海之上。这天,海上风浪很大,轮船在风雨中不停摇摆。

詹姆斯扶着桌子坐在椅子上,船里的其他乘客也都被摇晃得脸色铁青。这时,王亚南左臂下夹着书、右手拿着根绳子跑过来,他把绳子递给詹姆斯:"帮我个忙!"

"什么?"

"把我绑在那儿!"王亚南指向旁边一根柱子。

詹姆斯心想,你这呆子也有晕船晕得不行的时候啊,现在不看书了?他跟着王亚南一起摇摇晃晃地走向柱子,费劲地把王亚南牢牢地捆在了柱子上。谁知道,詹姆斯刚捆好,王亚南就迫不及待地翻开了手中的书,津津有味地继续读下去。

直到很多年以后,詹姆斯依然无法忘记王亚南这位中国老友"绑柱读书"时的情景。他每每想起此事,都觉得又好笑又感慨:"那时我们西方人都瞧不起中国人,直到认识了王亚南,我才发现中国的知识分子是这么值得敬佩,我们以前的想法是多么狭隘无知!"

1934年初,王亚南先后前往德国和英国考察,研究西欧资本主义制度,并继续经济学方面的写作。后来,他几经周折回到了祖国,1938年与郭大力合作翻译出了《资本论》,在其后的岁月里为祖国的经济学高等教育做出了极大的贡献。也许"在外国人面前扬眉吐气"并非王亚南的刻意追求,但他在读书上的勤勉、在治学上的严谨,都对推动中国经济学的发展、推动中华民族的自强与复兴起到了不可忽视的作用。中国人的梦想,就是要以这样坚韧不拔、排除万难的精神作为支撑。

《国富论》 《国富论》是苏格兰经济学家、哲学家亚当·斯密的一本经济学专著。这本专著的全名为《国民财富的性质和原因的研究》(*An Inquiry into the Nature and Causes of the Wealth of Nations*)。这本专著的第一个中文译本是翻译家严复的《原富》。在书中,亚当·斯密认为国民财富产生主要取决于两个因素:一是劳动力的技术、

技巧和判断力,二是劳动力和总人口的比例。被誉为西方经济界的《圣经》。书中许多观点为马克思所批判吸收。

❈ ❈ ❈

人的天才只是火花,要想使它成熊熊火焰,那就只有学习!学习!

——[苏联]高尔基

环保卫士护青山

"绿色城市"概念早在20世纪70年代就已被提出来。世界上越来越多的国家将发展绿色城市提升到城市品牌战略层面来考量,以世界眼光和科学理念规划建设未来的绿色城市。要体现"绿色、健康、安全"的理念,就必须严格控制污染、高效利用资源,创造人与自然和谐相处的生态环境。

进入21世纪后,我国从中央到地方纷纷提出建设"绿色城市"的口号。国内已有100多个城市在努力打造不同层面的绿色城市(城区)、生态城市(城区)、低碳城市(城区),如天津的中新生态城、唐山的曹妃甸国际生态城、深圳的光明新城、长沙的大河西先导区,等等。

在建设绿色城市的过程中,各地涌现出许多默默无闻

的工作人员,他们为守护城市的碧水蓝天无私地奉献着。

孟祥民生前是山东省淄博市一名环境监察人员,他在自己的岗位上坚持工作到生命的最后一刻。

孝妇河是流经淄川的最大河流。有很长一段时间,孝妇河的水是黄色的,但污染源难以确定。2008年7月,孟祥民经过长时间排查,锁定了上游一家矿山企业,但检查时发现该企业的污水处理设备运转正常,他认为问题可能出在几十米长的排污管道里,他要进到排污管道中检查。排污管道中不仅存在有害物质,而且管道直径只有一米左右,进去会很危险,可孟祥民在腰上拴根绳子就钻了进去。经过几次进出观察,他发现黄水是该矿山企业过去的矿渣渗水。找到原因后,孟祥民很快便组织人力把这个污染源处理掉了。

环境监察是个辛苦活。淄川是个老工矿区,环保局监管的企业近3000家,占整个淄博市企业总数的三分之一。这里的乡镇企业遍地开花。随着国家在节能减排方面确定了硬性标准,广大群众对环境质量的要求也不断提高,因此孟祥民及其同事们的监管任务十分繁重。加班加点、忍饥受冻、爬高下低对他们来说是家常便饭。越是恶劣天气,越是节假日,他们就越得到现场,因为要防止企业趁机偷排。虽然工作强度很大,但是同事和家人从来没听孟祥

民说过一个"累"字。

环境监察更是个危险活。遇到不合作的当事人,被拒之门外、辱骂、扯胳膊抱腿是常有的事,有时连人身安全都得不到保障。

在一次取缔"土小"企业的专项行动中,一个不法业主纠集十多人,手拿砖头、棍棒,对孟祥民等人大声叫嚣:"谁过来就打死谁!"

可孟祥民没有退缩,他镇定地面对这名业主,讲政策、摆道理、陈清利弊。在孟祥民的帮助下,这名不法业主认识到自己的错误,扔掉砖头、棍棒,配合执法人员拆除机器设备,接受了处罚。

2009年4月,淄川污水处理厂的进水超标,这说明有企业向孝妇河里偷排废水。孟祥民带领夜查组人员查了好几天,发现了一辆神秘的罐车。

孟祥民和同事们开始跟踪这辆车,发现它经常进出于一个院子。孟祥民爬上两米多高的院墙查看,发现院子里有人正将罐车里的废水向孝妇河里排放。孟祥民赶紧跳进院子里制止。违法人员看见孟祥民,竟然放狗咬他。孟祥民躲闪不及,小腿被狗咬得鲜血直流。但他毫不退缩,与随后冲进来的同事一起,协助警察将违法排污者绳之以法。

有人问孟祥民:"每次遇到危险,你都是冲在前面。你

就不害怕吗?"他说:"我们执法是为了维护国家和群众的利益,危急关头哪还顾得上考虑别的。没有一点敢冲敢拼的精神,是干不好环保工作的。"

作为环保执法者,孟祥民刚正不阿,但在他去世后,当地许多企业老板却都很怀念他。

鲁维制药公司的污水处理厂规模不达标,成为环保监控重点。公司副总经理丁乃坤回忆说:"孟祥民检查、执法很严,但没想到他也很热心,四处收集环保技术信息,带着我们企业的工作人员去其他公司考察。2009年,我们公司根据孟祥民的意见上了新的污水处理设施,使我们公司的废水全部得到回收利用,每年节约成本近千万元,我们的企业也发展成为全国最大的维生素C生产企业。"丁乃坤感激地说:"老孟给我们办了件大好事啊!"

商家镇烨达耐火材料公司总经理高兵回忆说:"刚建厂那会儿,孟祥民就给我们厂下了停产整治通知书。但同时,他也多方查阅资料,研究耐火材料企业的生产特点。之后他建议我一步到位上马天然气隧道窑,实施清洁生产。"通过高标准治理,烨达公司成为淄川第一家使用天然气的耐火材料企业,抢占了商机。高兵说:"对这样的官,我们服气。"

孟祥民把自己的一生都献给了实现绿色城市的梦想!

绿色城市是一个天更蓝、地更绿、水更清的美丽家园。经济的发展、城市化进程的加快,迫切需要建设适宜人居的绿色城市,也需要更多像孟祥民一样的环保工作人员。

绿色城市 建设绿色城市有五大目标:充满绿色空间,生机勃勃的开放城市;管理高效,协调运转,适宜创业的健康城市;以人为本,舒适恬静,适宜居住和生活的家园城市;具有特色和风貌的文化城市;环境、经济和社会可持续发展的动态城市。

❋ ❋ ❋

只有服从大自然,才能战胜大自然。

——[英]达尔文

炎黄赤子"黄河"梦

冼星海,中国近现代著名的音乐家和作曲家。原籍广东番禺县,1905年生于澳门一个贫苦的船工家庭。据说他出生的时候,母亲看到了大海以及海面上的朗朗星空,所以就给他取名"星海"。父亲冼喜泰曾做过水手,后以捕鱼为生。但不幸的是冼星海出生前,父亲就已经过世,母亲黄苏英带着他寄居在外祖父家。一直到六岁,冼星海基本上都是在澳门度过的。幼年时期的冼星海常年随母亲在海上漂荡,他常常迷醉在外祖父忧伤绵长的箫声和渔民如歌如泣的民谣曲中。因此,冼星海幼小的心中就播下了音乐梦想的种子。他渴望有一天也能谱写出真正属于自己的曲子。

1911年,外祖父逝世,母亲带着冼星海去了新加坡,靠做佣工维持生活。在新加坡,母子二人又漂泊了整整七年。1918年,为了让冼星海能够接受更好的教育,母亲想尽一切办法来到广州,把十三岁的冼星海送进了岭南大学基督教青年会所办的义学读书。冼星海在义学学习努力刻苦,各门功课都很好,最让他着迷的则是音乐课。由于爱好音乐,他参加了义学的唱诗班和管弦乐队,表现出音乐方面特有的天赋。因为他吹箫别有一番韵味,后来人们赞誉其为"南国箫手"。

1926年春,冼星海为了追寻自己的音乐梦想,卖掉了心爱的小提琴,在朋友的资助下,只身来到北京。他考入北京大学音乐传习所,并靠在学校图书馆任助理馆员维持生活。

1928年,冼星海进入上海国立音乐学院,主修小提琴和钢琴两个科目。在上海期间,他亲眼目睹了中国黑暗的社会现实以及人民处于水深火热之中的境况,极其渴望以音乐激起人们的斗志,挽救国家于倾颓,拯救人民于水火。1929年7月,冼星海发表了《普遍的音乐》一文,提出了自己的音乐梦想。他认为"中国需求的不是贵族式或私人的音乐,中国人所需求的是普遍的音乐",学音乐的人要"负起一个重责,救起不振的中国"。学习音乐的人要"好好地用功",要"做普通人所不能做到的事情,而且要吃普通人

所不能吃的苦","做一个真伟大的人,不是做一个像伟大的人"。

正是为了实现自己"音乐救国"的远大梦想,1929年,冼星海决定出国深造,到异邦去寻求能够振奋人心的音乐元素。当年冬天,胸怀大志的冼星海告别故乡和亲人,毅然踏上去巴黎的求学之路。

初到巴黎,冼星海就在餐馆做跑堂、在理发店做杂役,很难解决自己的温饱问题,几次晕倒在塞纳河畔梧桐树下,险些被法国警察送进陈尸所。后来,他结识了中国留学生马思聪。经马思聪介绍,冼星海顺利进入了法国巴黎歌剧院,并师从首席小提琴家奥别多菲尔和音乐大师加隆。在法国巴黎歌剧院学习期间,大师们欣赏冼星海的毅力,破例免去了他每月两百法郎的学费。冼星海珍惜这一难得的机会,学习异常刻苦。后来,因为他根据唐朝诗人杜甫著名的诗篇《茅屋为秋风所破歌》而创作的奏鸣曲《风》,排上巴黎音乐学院新作品演奏会节目单,并在电台播出,冼星海开始小有名气。

1934年,冼星海考入巴黎音乐学院高级作曲班,学习作曲和指挥。当时在那里学习音乐的中国留学生中,只有他考取了这个高级作曲班,他还以鸣奏曲《风》获得了荣誉奖。学校要给他物质奖励,主考老师杜卡斯代表全体评委

宣布："我们决定给你荣誉奖。按照学院的传统规定,你可以提出物质方面的要求。"冼星海听了主考老师的话,沉吟半晌,然后用很低的声音哽咽着说了一个词:"饭票。"之后就再也说不出话来。

关于在巴黎求学时的贫困生活,冼星海后来有过这样的描述:

> 我常常在失业与饥饿中,而且求救无门……在繁重琐屑的工作里,只能在忙里抽出一点时间来学习提琴、看看谱、练习写曲。但是时间都不能固定,除了无论如何要想法去上课外,有时在晚上能够在厨房里学习提琴就好了,最糟的有时一早五点钟起来,直做到晚上十二点钟。有一次,因为白天上课弄得很累,回来又一直做到晚上九点钟,最后一次端菜上楼时,因为晕眩,连人带菜都摔倒,挨了一顿骂之后,第二天就被开除了……我失业过十几次,饿饭,找不到住处,一切困难问题都遇到过。有几次又冷又饿,实在坚持不住,在街上软瘫下来了……有过好几天,饿得快死,没法,只得提了提琴到咖啡馆、大餐馆中去拉奏讨钱。忍着羞辱拉了整天得不到多少钱,回

到寓所不觉痛哭起来,把钱扔到地下,但又不得不拾起来。门外房东在敲门要房金,只好把讨到的钱给他,否则就有到捕房去坐牢的危险(其实,如不是为了学习,去捕房坐牢倒是个活路)。有一次讨钱的时候,一个有钱的中国留学生把我的碟子摔碎,掌我的颊,说我丢中国人的丑!……我忍受生活的折磨,对于学音乐虽不灰心,但有时也感到迷惘和不乐。幸而教师们帮助我,鼓励我……在困苦的生活的时日,祖国的消息和对祖国的怀念也催迫着我努力……我想到自己多难的祖国,和三年以来在巴黎受尽的种种辛酸、无助、孤单,悲愤抑郁的感情混合在一起,我两眼里不禁充满了泪水,回到店里偷偷地哭起来。在悲痛里我起了怎样去挽救祖国危亡的思念。

正是出于挽救祖国危亡的抱负,1935年夏,他谢绝了巴黎音乐学院的挽留,毅然回到祖国,投入抗日救亡运动中。回到祖国后,他用满腔热血谱写出一首又一首激昂的曲子,以期唤醒民众,鼓舞人民的斗志。尤其是他1939年谱写出的举世闻名的大型音乐作品《黄河大合唱》,更是吹响了中华儿女爱国救亡的号角。

《黄河大合唱》是冼星海最杰出的作品。在写作这部乐曲之前，他一直就有一个愿望：用音乐表现中华民族的苦难、挣扎和奋斗，以及对自由幸福的追求和最终取得胜利的信心。《黄河大合唱》的诞生，正是作曲家孕育已久的创作冲动的必然结果，也是一个炎黄赤子"音乐救国"梦想的完美体现。

《黄河大合唱》是对光未然的诗作《黄河吟》加以谱曲、改编而成的。1938年10月，诗人光未然渡过黄河，奔赴山西吕梁山抗日根据地。当他见到黄河的惊涛骇浪、壶口瀑布的壮观景象，不禁惊呆了。万山丛中游击健儿的抗敌英姿，强烈地震撼着诗人的心弦。1939年初，诗人开始酝酿创作一部长篇朗诵诗。不久，光未然因行军时不慎摔伤，回延安住院治疗。冼星海与他在上海时就认识，得知消息后前去看望光未然。见面后，光未然谈起创作朗诵诗的构想，冼星海听后十分兴奋，希望自己有机会把它改写成歌词。光未然再也按捺不住创作的冲动，躺在病床上，一连五天口述了四百多行诗句，经人笔录，终于完成了《黄河吟》，这就是后来《黄河大合唱》的歌词。

1939年春的一天，抗敌演剧队第三队在延安一个宽大的窑洞里举办晚会，光未然和冼星海都应邀参加。光未然带病一气呵成地朗诵了自己的这部新作。冼星海听完

朗诵后,一把将诗稿抓到手里,激动不已地说:"这是一部中华民族的史诗。我要把它写成一部代表中华民族伟大气魄的大合唱。这将是中国第一部新形式的大合唱。我有把握把它谱好!我一定及时为你们赶出来!"于是,冼星海在延安的一孔简陋的土窑里,抱病连续创作六天,完成了这部具有历史意义的大型声乐作品《黄河大合唱》。

《黄河大合唱》以寄予炎黄子孙无限美好梦想的母亲河——黄河为背景,热情歌颂了中国人民坚强不屈的斗争精神,突出地表现了中国人民勤劳朴实、酷爱自由、胸怀宽广的崇高品德,愤怒地控诉了日寇的入侵给黄河两岸人民造成的深重灾难,最后以激昂的旋律威武雄壮地奏出了中国人民在共产党领导下,为反抗日寇侵略、保卫黄河、保卫全中国而英勇战斗的时代最强音。整部作品以扣人心弦的艺术感染力鼓舞人们为真理和正义而战斗。《黄河大合唱》是一部反映中国人民为求得民族解放、争取民族独立和民主自由而斗争的优秀作品,具有很高的艺术性和独创性。

《黄河大合唱》演出后,轰动了整个延安。1939 年 5 月 11 日,在庆祝鲁迅艺术学校成立一周年晚会上,毛泽东观看了冼星海亲自指挥的演出。毛主席看了演出后,特别高兴,站起来使劲鼓掌,连声说:"好!好!好!"同年 7 月,

周恩来观看了《黄河大合唱》的演出,并亲笔给冼星海题词:"为抗战发出怒吼!为大众谱出呼声!"与此同时,郭沫若也在《黄河大合唱》的序中慷慨激昂地写道:"《黄河大合唱》是抗战中所产生的最成功的一个新型歌曲。音节雄壮而多变化,使原有富于情感的辞句,就像风暴中的浪涛一样,震撼人的心魄。"

1945年10月30日,冼星海因肺病在莫斯科克里姆林宫医院离世,年仅四十岁。同年11月14日,延安隆重举行了"冼星海追悼会",毛泽东主席亲笔题词:"为人民的音乐家冼星海同志致哀。"冼星海已经逝世多年,但作为一个炎黄赤子,他所著就的雄浑的"黄河"梦却一直为人们代代传唱,经久不衰!

巴黎音乐学院　巴黎音乐学院是巴黎国家高等音乐学院的简称。它1795年创建于巴黎,由法国皇家歌唱学校与国家音乐学院合并而成,由B.萨雷特任院长。波旁王朝复辟期间,它曾暂时被关闭,1816年恢复。该校设作曲、音乐学、音乐分析、演奏演唱及舞蹈等专业。在L.凯鲁比尼任院长(1812—1842年)期间,学校规定作曲系学

生必先娴熟掌握钢琴弹奏技巧,并学习对位、和声、赋格等理论课程。近两百年来,巴黎音乐学院培养了许多世界著名的音乐家,并为歌剧、舞蹈、戏剧、电影等表演艺术输送了众多人才。

* * *

我有我的人格、良心,不是钱能买的。我的音乐,要献给祖国,献给劳动人民大众,为挽救民族危机服务。

——冼星海

"两弹一星"元勋

浙江绍兴有一家图书馆,它的门面很小,斑驳的黑漆木门上镶嵌着两只已经锈迹斑斑的铁环,仿佛在向路人述说着它经历过的风雨沧桑,它就是有着百年历史传奇的古越藏书楼。20世纪初,这里住着一户钱姓人家,主人钱玄同,早年留学于日本著名的早稻田大学,年轻时曾担任过《新青年》的编辑,是新文化运动的倡导者之一。

1913年的中秋时节,在北京高等师范学校教书的钱玄同收到了老家传来的儿子出生的喜讯。欣喜若狂的钱玄同给儿子取名"秉穹",意思是"掌握苍穹"。可见,父亲对儿子寄予了厚望。在小秉穹9个月大时,钱玄同就把他接到了北平。小秉穹果然没有辜负父亲的期望,他自幼喜爱读书,不明白就问。四五岁时,他就懂得了很多道理和

知识。到了6岁,小秉穹进入北京大学的子弟学校——孔德学校读书。由于自小在父亲身边接受了良好的启蒙教育,小秉穹直接进入二年级就读。

孔德学校是一所既注重科学理论又注重实践的新式学校,我国著名的教育家蔡元培先生是这所学校的创办者。在良好的学习环境里,小秉穹奋发上进,学习十分用功。虽然是个跳级生,但是他的学习成绩一直很好。不仅如此,他还热爱体育,是运动场上的一名健将。在学校,他还结交了两个非常要好的小伙伴,三兄弟中他排行老三。一次,三兄弟中一个体质不如小秉穹的小伙伴给他写信,信中自称为"大弱",称秉穹为"三强"。这封小伙伴们之间互称绰号的调皮信,恰巧被小秉穹的父亲看见了。他想:"既然我们反对复古,提倡新文化,主张中国文字朝着大众化、平民化的方向发展,就不应该在子女起名的问题上囿于形式。"于是,钱玄同将儿子的名字改为"钱三强",取意"德、智、体都进步"。

1929年一个偶然的机会,即将中学毕业的钱三强接触到了孙中山先生的《三民主义》《建国方略》等几本书籍,书中描绘了未来的中国蓝图:以兰州为中心建成几大铁路干线,南方、东方和北方设立大港……这一宏伟蓝图深深地吸引了钱三强。朦胧中他感到自己有责任响应孙先生

的号召,为使这样美好的蓝图成为现实而奋斗。他认为,国家要摆脱屈辱、走向富强,就要建成强大的工业体系、发展先进的科学技术,舍此别无他途。于是,他对父亲说他想学工科,做一名机电工程师,长大后为建设祖国贡献力量。

1930年秋,17岁的钱三强以优异的成绩被北京大学理学院录取为预科生。1932年,他考取了清华大学物理系。毕业后,他成为北平研究院物理研究所所长严济慈的助理。在研究所所长严济慈的鼓励下,钱三强通过考试取得了去法国巴黎大学的留学机会。来到法兰西,迎接他的是治学严谨的居里夫妇。钱三强每天很早起床乘地铁去实验室,工作一天后回到宿舍还要整理资料、写实验报告。钱三强的刻苦钻研精神获得了居里夫妇的赞许,也赢得了何泽慧的芳心。1946年,钱三强与何泽慧走进了婚姻的殿堂。婚后,钱三强和妻子一起投入研究工作。

1946年,钱三强在实验室里发现了一张特殊的二裂变现象照片。他与妻子一道进行实验和分析。这对年轻夫妇轮换着在实验室度过了1000多个不眠之夜,经过了数万次的实验、观察和分析,终于又观察到了特殊的核裂

变现象——铀核的"三分裂"。他们赶紧把实验结果报告给居里夫妇。居里夫妇连声称赞这是一项重大的科学发现。

在法国11年,勤奋的钱三强获得了很高的学术成就。就在周围的人以为钱三强会长期留在法国工作的时候,他和夫人毅然决定回国。他说:"虽然科学没有国界,科学家却是有祖国的。祖国再穷,也是自己的。正因她贫穷落后,更需要我们去努力改变她的面貌。"钱三强也把自己回国的打算告诉了居里夫妇。居里夫人语重心长地说:"我们俩经常讲,人要为科学服务,科学要为人民服务,希望你把这两句话带回去!"临行前,两位导师在自己家的花园里为钱三强夫妇饯行,同时也将一些重要数据告诉钱三强,并且送给钱三强一些放射性材料,让他带回中国,留作他日做实验用。

1948年5月,钱三强和夫人带着刚半岁的女儿,带着丰硕的科研成果,带着导师的重托和法国同行的深情厚谊,离开了巴黎。

1949年,钱三强接到一个通知:要求他作为代表到巴黎出席保卫世界和平大会。钱三强想,这次去巴黎开会,如果能请居里夫人代为订购一些原子核科学研究仪器设

备和图书资料该有多好。钱三强抱着试试看的态度,向代表团联系人提出支出约 20 万美元研究经费的要求。不久,钱三强拿到了发展原子核科学事业的 5 万美元经费,虽然钱比预期的少,但是他的心久久不能平静,因为他知道这些钱来之不易。拿着沉甸甸的美元,钱三强思绪万千,深深感到科学工作者任重而道远。

1955 年,国家经济恢复工作已经告一段落。根据当时的国际形势,党中央做出了研制原子弹的决定。之后,大批科研人员被调进地质部、原子能研究所,而且根据中苏双方签订的协议,苏联愿意提供核技术援助。这是中国科学研究事业发展的黄金时代,发展速度空前。钱三强也精神振奋,忘我地投入原子能事业的领导和统筹工作中。然而,中国的核弹研究工作并非一帆风顺。其间,苏联单方面终止了中苏两国签订的《国防新技术协定》,撤走了全部专家,还讥讽地说:"离开外界的帮助,中国 20 年也搞不出原子弹。就守着这堆废铜烂铁吧!"

作为一个有爱国心的知识分子,钱三强很清楚,原子弹对于中国的原子核科学事业,甚至于中国的国防、中国的历史,意味着什么。为了牢记那个撕毁合同的日子,我国第一颗原子弹的工程代号被定为"596"。钱三强带领原

子能战线上的工作人员,精神抖擞地投入依靠自己的力量发展核科学的伟大事业中。

人马调齐,工作配套,各方面的研制进展神速。要想研发出原子弹,必须提炼出铀235。苏联人称它是"社会主义安全的心脏",从不让中国科学家接近。"别人能搞出来的东西,我们也能搞出来。"钱三强为此组织了攻关小组,经过两年的努力,终于成功研制出合格的扩散分离膜,并开始批量生产。1964年10月16日,我国西部上空升腾起一朵蘑菇云,中国在如此短的时间内独立研制出原子弹令美、苏等大国刮目相看。遮盖在中国大地上的乌云散开了,钱三强却仍然眉头紧锁。他带领着技术人员,再一次投入研制氢弹的工作中。在仅仅两年零8个月后,第一颗氢弹爆炸成功了,我国成为世界上从原子弹到氢弹研发并爆炸成功用时最短的国家。

钱三强一生脚踏实地、艰苦攻坚,创造了世界导弹研究领域的奇迹,最终成为中国"两弹一星"元勋,也实现了他父亲临终前的嘱托:"学以致用,报效祖国。"

居里夫人 居里夫人原名曼娅·斯可罗多夫斯卡,是法国著名物理学家、化学家。1895年与比埃尔·居里结婚。他们先后发现钋和镭两种天然放射性元素。1906年,她提炼出金属态的纯粹的镭。因对放射性现象的研究成果,她和居里、贝可勒尔共获1903年诺贝尔物理学奖,后又于1911年独自获得诺贝尔化学奖。

❋ ❋ ❋

各出所学,各尽所知,使国家富强不受外侮,足以自立于地球之上。

——(清)詹天佑

32年援疆教育梦

一个人拥有梦想不难,但是让这个梦想驻在心中几十年,却未必是每一个人都做得到的事情。

老教师姚明,手中正拿着一份当天的晚报,晚报头版的大标题是:《教育公平当务之急是让薄弱学校有好老师》。姚明戴上老花镜,认真地读起了报纸。"解决教育公平的问题,最大的困难和挑战,也是当务之急,就是教师的问题,就是让农村、薄弱学校拥有好的老师。"姚明认可地点了点头,从事了几十年教育工作的他,觉得2013年两会上提出的"进一步促进教育公平"是一件十分必要的事情。姚明抬头看了看放在写字台上的照片,照片中是他和一群穿着新疆民族服装的孩子们。思绪好像又跟着那鲜艳耀眼的服装飘飞回到了2010年。

当2010年新一轮援疆序幕拉开的那一刻,时年55岁的南通中学教师姚明心中的那根弦再次绷紧了——"这是我人生最后一次圆梦的机会,我要去援疆。"32年前,大学毕业、风华正茂的姚明便向组织提出到新疆奎屯任教的申请,可因为身体原因,援疆支教的梦想未能如愿。如今,32年过去了,他即将告别教坛,心心念念了32年的梦想,又一次催促他递交了自己的援疆申请。可是学校考虑到,姚明是学校资历很深的老教师,带着高三年级的课程,同时,又考虑到他年龄大、身体不好,所以拒绝了姚明的申请。这一次的拒绝并没有阻挡姚明圆梦的期望,姚明跟自己的爱人说:"这是我当教师的最后一年了,我一定要把这32年来的梦想实现。"看着自己的丈夫如此坚决,姚明的妻子陪着丈夫一起,到学校向校长表达了赴疆的决心,看着两位年过半百的老夫妻俩如此坚决,校长当即同意了姚明赴疆的申请。从校长办公室走出来的姚明,高兴得像个孩子。

姚明的援疆学校是伊宁县第二中学,任教学科是高三(9)班的语文。作为一名特级教师、教学"老手",他深知透彻了解伊宁教育现状和执教班学生情况的重要性。为了了解伊宁二中教师的教学状况,在承担高三年级繁重的教学任务的同时,他坚持深入课堂听二中教师的课,只要自己没有课的时候,他就搬一张凳子,带着一个黑色的笔记本,挨个教室听课,每节课下来,他的本子上都密密麻麻地记了很多的笔记。有学生亲切地唤他"旁听生",课堂上他比学生还认真刻苦。不到一年,姚明听的课有30多节,每周四下午大扫除的时间,姚明就跟不同的任课老师沟通,把他对课上的意见和建议说与每一位老师听。

"教育是爱的教育,亲其师才能信其道。"这是姚明任教几十年的观点,也是他一直努力坚持去做的事情。来到新疆地区,为了融入任教班级,他利用一切机会与学生接触、磨合,了解这些少数民族孩子的习惯,并且努力和他们沟通。在姚明到达学校不到一个月的时间里,他就记住了班里50多名学生的名字,学生们都觉得这个老师有过目不忘的本领。其实,姚明为了记住学生的名字并能对号入座,每晚回到住处,他就打开专门从学校要来的全班同学的个人信息表,一个一个对照着照片记名字,并且记住这个学生的优点和缺点,以便在课堂上能够让每一个人都达到最好的学习效果。50多个学生信息,姚明每晚都要认认真真地看一遍。这样,姚明老师成了孩子们眼中的魔术师,维吾尔族女孩里他能分清哪个是阿迪兰木、哪个是阿然兰木,汉族同学中他能辨出哪个是何玲、哪个是何萍。

姚明的援疆支教生活就从孩子们崇拜的目光中开始

了,他打心底感到幸福。32年的梦想,到如今实现并不晚。然而,岁月不饶人,半百已过的姚明是援疆教师队伍里年龄最大的一位,入疆的第二天,姚明的身体就开始有各种不良反应。他的小腿肿胀到以往贴身的裤子都提不上来,肠胃的不适使他整张脸都没了血色。其他老师都劝他歇歇,他却说:"我等了32年,现在却一刻都不能等了,也不能让孩子们等着。"入疆的第二周,学校领导和教师便急切地请他上一节公开课。深思熟虑后,姚明选择了高二的选修课程《唐诗宋词选读》中北宋婉约词赏析作为教学内容。为了这堂公开课,有空闲的时间,姚明就认真地重新阅读古诗,为课堂做着准备。一天中午,其他老师都在午休,姚明一个人坐在桌前埋头备课。这个时候,随队的组长张老师进来悄悄把姚明老师叫到了楼道里。

"姚老师,刚才我接到校长的电话,说您爱人不小心摔了一跤,右胳膊骨折了。考虑到您的身体和家里的情况,校长让我找人送您回去。"张老师跟姚明说。

"我先给我爱人打个电话吧!"张老师从姚明的眼中看到一丝深深的担忧。

姚明给家中打过电话以后,跟张老师坚定地说:"麻烦您跟校长说一声,这次援疆是我自愿申请的,我不能因为我的个人原因,就中途退出。"

"可是,您爱人她……"张老师担忧地说。

"我爱人说,让我踏踏实实在这里工作,不用担心。"姚明语气笃定又带着几分动容。就这样,姚明带着病痛和对家人的担忧,留在这大雪纷飞的新疆,为了这群纯朴的孩子,为了自己几十年的情结。上公开课的那天,教室里坐得满满当当的,姚明从柳永讲到欧阳修又讲到晏殊,他的课堂既有教学预设,又有学生的随机生成,古老的文化、华美的语言、优美的意境,醉了听课的师生,醉了窗外的飞雪。站在讲台上口吐莲花的姚明,好像又回到了几十年前大学刚毕业时的风华正茂,在三尺讲台上,舞动着自己的精彩人生。

家有一老,如有一宝。在伊宁县第二中学,姚明老师就是个"宝物"。为充分发挥他在教育援疆中的示范作用,"特级教师姚明工作室"成立了。于是,莽莽天山下,升起了一道教育援疆的彩虹。他举办公开课,组织学术沙龙,实施"青蓝工程",综合提升伊宁二中教师的整体教学水平;他以课程改革引领教育援疆,以教育科研提升教育品位。作文教学是语文教学中的重要组成部分。为强化作文教学,姚明专门编写了《作文教学辅导》,并多次举办讲座。为迎接进疆后的第一个高考,在寒假回家期间,他专

门编写了《高考作文复习导学案》；高考前夕，他又走进伊宁电视台，为全市学生做高考复习指导……就这样，"姚明工作室"成为了享誉天山的教育援疆品牌。

学生们说他是个魔幻的老头，老师们说他是敬业的模范，他却说，我只是一名人民教师。2011年7月1日《中国教育报》刊发的"七一"感言中，作为援疆代表，姚明道出了这样的心声："入党35年，党培养我免费读大学，成为特级教师、劳动模范。现在，党需要我奔赴天山北麓参加教育援疆，我们一家三代都以为党旗增光添彩为荣！"

梦想没有大小之分，梦想没有时间之限，梦想在每个人心中。姚明用32年，实现了梦想，证明了梦想的力量，同时也传递了梦想。他用行动号召其他教师奔赴经济落后地区为教育事业尽自己的一份力量，他只道自己是一名教师，要教书育人，却在不经意间，为教育公平做出了表率。

32年援疆梦，带给了更多的孩子梦想的力量。

婉约派 婉约派为中国宋词流派。婉约,即婉转含蓄。其特点主要是内容侧重于儿女风情,结构深细缜密,音律婉转和谐,语言圆润清丽,有一种柔婉之美。婉约派的代表人物有李煜、柳永、晏殊、欧阳修、秦观、周邦彦、李清照等。

❊ ❊ ❊

九层之台,起于累土;千里之行,始于足下。

——(春秋)老子

红旗渠精神在延续

可能许多人都知道太行山,但不知道处在太行山东麓南端的河南林县(今林州);可能许多人都知道愚公移山的故事,但不知道成千上万当代愚公劈开太行山修建红旗渠的故事。红旗渠是在20世纪60年代中国经济十分困难的时期,林县人民苦干10个春秋,用血汗修成的1500千米的"人工天河"。

20世纪70年代,周恩来总理曾经自豪地告诉国际友人:"新中国有两大奇迹:一个是南京长江大桥,一个是林县红旗渠。"红旗渠与南京长江大桥不同的是,南京长江大桥的建设是举全国之力,而红旗渠是英勇无畏的林县人民独立修成的!红旗渠始于悲壮,终成辉煌。林县人以一县之力,凭借着简陋的原始工具,积10年之功,成就了千秋

伟业。红旗渠其实完全是林县人民被极度缺水的恶劣环境逼着修出来的。它源于中国农民对最基本的生存需要的追求,它是中华民族自强不息历史的精彩缩影,它是人类勇于与恶劣的自然环境抗争且最终获得胜利的光辉典范。

有关红旗渠的故事,漫长而又悲壮。造物主是不公平的,它在漫不经心间把人们的生存环境分为三六九等。对地处太行山的林县而言,自然的赐予过分地匮乏,这里成了一个"十年九旱"的贫瘠地方。翻开林县一本本被岁月染黄了的老县志,映入眼帘的都是"干旱""连年干旱""干枯""绝收""悬釜待炊""十室九空"等触目惊心的字眼。在那个靠天吃饭的年代,林县人斗不过老天爷。

大旱之年,草根、树皮都成了人们的口粮。为了活命,很多人走上背井离乡的逃荒之路。因为这里离山西较近,逃难的人纷纷涌向三晋大地。至今,山西还有"林县村""林县沟""林县集""小林县"之类的地名,反映出林县人当年的苦难和无奈。

因为没有水吃,林县人只能到离村十里、八里或更远的地方去挑水,争水、抢水事件频繁发生。为了活下去,人们不但相互争水,也与野兽争水。有一年大旱,在一个小山村,人与兽共享一个岩石缝里渗透出来的水,先后有3个人被狼夺去了性命。因为缺水,许多林县山村里的小伙子娶不上媳妇。有个叫"牛岭山"的村子,村里的姑娘都嫁到了外村,但是外村姑娘都不愿嫁给牛岭山的小伙子,所以牛岭山成为远近有名的光棍村。缺水问题像座大山一样压得林县人喘不过气来。

终于,祖祖辈辈受干旱熬煎的林县人再也不愿苦熬下去了。缺水带来的苦难,激励着林县人向命运抗争,他们把改变现状的渴望化成创造美好生活的伟大行动。

挖山泉,打水井,修水库,建水渠,这些兴修水利的活动是他们改变命运的序曲。无奈,天公对林县人过于苛刻。1958年又是一个大旱之年,泉干库竭渠无水,全县人又陷入了焦渴的熬煎之中。天上不下雨、地下无水汲,林县人只好把目光投向了外地的水源地。经过反复的查勘论证,林县县委做出了引山西平顺县的漳河水入林县(即"引漳入林")的决策。

"引漳入林"(修筑后改称"红旗渠")工程上马的时候,是1960年。到1969年红旗渠工程全面完工,林县人整整用了10年时间。这10年的时间,在人类历史的长河中不过是短暂的一瞬,但对于林县人而言,却是血与汗交织的悲壮的10年,也是改变命运、创造辉煌的10年,更是谱写

惊天地、泣鬼神之"红旗渠故事"的10年。

工程启动之初,万民响应。盼水心切的林县人热血沸腾。近4万人的修渠大军从15个公社聚拢过来。他们自带干粮、行李,赶着牛车、马车,推着小推车,浩浩荡荡地奔向漳河岸边的修渠第一线,拉开了"千军万马战太行"的序幕。

修建红旗渠是林县人民改变命运的壮举。为了修建红旗渠,有189名英雄儿女献出了宝贵的生命,256人重伤致残。他们用血肉之躯谱写了一曲又一曲英雄壮歌。

神炮手常银虎腰系绳索,凌空作业,在崖壁上放炮爆破;舍己救人的女英雄李改云在崖石就要坍塌的紧要关头,奋不顾身地推开自己的战友,自己却失去了一条腿;凿洞英雄王师存不畏艰险地开凿曙光洞,险些因塌方被困在洞中,九死一生,仍然不下火线;风华正茂的工程技术骨干吴祖太天天耗在建设工地上,精心设计出一张又一张施工图纸,在王家庄隧洞施工现场出现塌方时,冒着生命危险入洞查险,献出了年轻的生命……

还有排险英雄任羊成。红旗渠动工后,他被借调到红旗渠工地当炮手。在建设南谷洞水库时,工地开山的炮声不断,大小石块不时从天而降,十分危险。为了最大限度地保证施工安全,建设指挥部决定成立凌空"排险队",并开始招募队员。任羊成第一个报了名,并被推选为排险队队长。凌空排险就是用绳索捆住腰,手持长杆抓钩,身上背着铁锤、钢钎等工具,飞崖下堑,凌空作业,排除险石。原来当地山民为了谋生,不惜冒着生命危险腰系绳索凌空采摘中草药。任羊成把这种方法用到了南谷洞水库建设上。排险队队员的生命就系在那根绳子上,既艰苦又危险。就如同战场上扫雷清障的工兵一样,任羊成和他的排险队队员们置生死于度外,每天在悬崖边飞来荡去,排除险石,为建设大军开路。

一次,任羊成正在排险,一块石头掉下来,他的三颗门牙被砸掉了,鲜血直流。但他坚持轻伤不下火线,直到完成任务。领导和工友们都劝他休息治疗,他豪迈地说:"我死都不怕,打掉3颗门牙算什么!我个人受伤是小事,工友安全是大事!"

第二天,他戴上口罩,带着工具又攀上了山崖。人们见他为了修渠不顾生死,便编了两句顺口溜送给他:"排险队长任羊成,阎王殿里报了名。"在阎王殿里报了名的任羊成有几次真的差点到阎王爷那"报到"去了。一次,正在半山腰排险的任羊成腰上的下堑绳忽然脱落,他从几十米高的峭壁上掉了下去。在场的人都惊呆了,大家以为任羊成

这次必死无疑,可能连个囫囵尸首都落不下。出人意料的是,任羊成竟从峭壁下一片荆棘丛中站了起来……

为了修红旗渠,任羊成不但失去了门牙,还断了2次腿。他修渠10年,又护渠25年,直到退休后回老家定居。退休后虽然人离开了渠,但他的心却留在了渠上,每年都要回到渠上巡看一番。后来,他干脆把家安在了红旗渠管理处。

2003年,为了将红旗渠建成青少年教育基地,将"红旗渠文化"传承下去,红旗渠管理局决定开发新的旅游项目——像当年排险队队员那样表演凌空排险绝技。为了再现当年凌空排险的场面,老英雄任羊成不顾自己年老体弱,承担起组建和训练"任家军"的任务。74岁的任羊成在悬崖间飞来荡去,亲自给徒弟示范。2005年"五一"黄金周期间,"任家军"正式亮相表演。在任羊成的指挥下,他们每隔30多分钟表演一次凌空排险绝技,队员们在山崖间腾挪移动,矫健如鹰,尽显红旗渠传人的风采。

勇于筑梦,敢于圆梦。林县人以"重新安排山河"的豪情壮志,硬是把不可能变成了可能。一锤一钎地开凿,一砖一石地砌筑,10年时间,1500千米,10万人的心血和汗水,林县人用勤劳的双手在太行山的悬崖绝壁上劈石修渠,建成红旗渠,结束了林县水源匮乏、

十年九旱的历史。

一批又一批游客来到红旗渠,仰望太行绝壁,远眺滚滚漳河,都为"人工天河"的奇伟而惊讶:"在那么困难的年代,竟然能创造这样的奇迹!"这渠,这水,正是林州人追梦、圆梦的写照。

梦想没有终点。20世纪60年代,林县人"战太行",建成红旗渠,解决了饮水问题;20世纪80年代,10万建设大军"出太行",实现了劳动力转移,使林县的建筑业品牌蜚声国内;20世纪90年代末到21世纪初,为响应"富太行"的号召,打工族返乡,创新创业千帆竞发;在林县人的努力下,"美太行"的蓝图绘就,林县城乡统筹发展,生态环境和谐。顺理成章地,林县撤县建市成为林州,这里的人民行进在新的圆梦征途上。

"红旗渠精神"被一代又一代的创业者赋予新的内涵,成为林州人的品格特质。红旗渠宛如一条飘带,飘扬在太行山壮美的峡谷之中,真切而实在。它激励着今天的追梦人:昨天的梦,已然成为现实;今天的梦,也必将实现!

红旗渠 河南省引浊漳河水灌溉的灌区。位于河南省林州市。从山西省平顺县石城镇引浊漳河水,在太行山中盘山开渠,穿岭越谷,进入林州市境内。1906年开工,1969年初步建成。灌区内建有小型水库48座,兴利库容1276万立方米,建塘坝346座,兴利库容1104万立方米。沿渠建提水泵站45座,利用渠道落差兴建小型水电站45座。1992年开始对灌溉工程进行了历时5年的技术改造,提高了工程质量,改善了运行条件,提高了水资源利用率。

❋ ❋ ❋

人的生命,似洪水奔流,不遇上岛屿和暗礁,难以激起美丽的浪花。

——[苏联]奥斯特洛夫斯基

西藏盲童的光明使者

　　湛蓝的天空、洁白的云朵、清澈的湖水……这里是西藏拉萨,又名"日光城",一座容易让人联想到温暖、光明与希望的城市。在这里住着一位德国人。特殊的是,她是一位盲人,虽然看不到藏域大地上这纯美的一切,但是她有着一双明亮的"眼睛"。凭借着自己灵魂深处发出的强光,她将许多曾经黯淡的生命照亮。她就是西藏盲童的光明使者——萨布瑞亚。

　　1970年,萨布瑞亚在德国波恩附近的一个小镇上降生。2岁时,年幼的她就被诊断出患有色素性视网膜病变。12岁那年,小萨布瑞亚完全失明,炯炯有神的大眼睛再也无法看到这个美丽的世界。无情的命运虽然熄灭了她瞳中的光明,但是无法熄灭她心中的希望。怀着坚定的信念和对美好生活的向往,她不仅出色地完成了在德国马巴的盲校,以及美国盲人和弱视力残疾大学的学业,还以惊人的毅力考取了德国波恩大学。在波恩大学学习期间,萨布瑞亚主修藏语和藏学。

在萨布瑞亚的生命中,有一个人对她产生了很大的影响,他就是路易斯·布莱叶。路易斯·布莱叶发明了世界通用的布莱叶盲字。它以6个凸起的圆点作为基本单位,每个圆点都在指尖范围之内。因为布莱叶盲字,包括萨布瑞亚在内的无数盲人的生活被彻底地改变了,这一个个圆点成为他们认识和感知这个世界的心灵之窗。在大学期间,萨布瑞亚了解到藏语在世界范围内还没有盲文。于是,在电脑听音分析器的帮助之下,她借鉴布莱叶盲字创制了藏语盲文。

1997年,即将大学毕业的萨布瑞亚踏上了中国西藏这片神秘的土地。当时的西藏拥有近210万人口,其中约有1万人患有某种视力障碍。她在调研中了解到,当地特殊的自然条件导致许多孩子患有白内障或雪盲。身为盲人的萨布瑞亚非常理解这些孩子的辛酸和苦痛,她希望自己能够帮助他们重获自尊,过上正常人的生活。经过再三考虑,一个想法开始在她的心中生根发芽,那就是"留在西藏,给雪域高原上的盲童创造受教育的机会"。在此期间,她结识了来西藏旅行的荷兰建筑设计师、日后成为自己丈夫的保罗。当萨布瑞亚把自己想要在西藏创办盲童学校的想法告诉他时,保罗立即表示赞同。

然而,想要在异国他乡创办这样一所盲童学校,其中的艰辛可想而知。起初,为了筹措资金,萨布瑞亚四处碰壁。不过,通过坚持不懈的努力,她的想法得到了多方支持。

1999年,萨布瑞亚和丈夫一起创立了西藏盲童学校,免费对当地盲童进行教育。学校创建之初,招生问题让萨布瑞亚感到很头疼。在西藏,很多家庭都不愿意让别人知道自己的孩子是盲人,所以一开始,学校只有6名学生。于是,这位从德国来的盲女四处奔走,骑马深入西藏各地寻找盲童,把他们带到盲童学校。此外,有的家长认为没有必要把孩子送到学校学习,还有的根本就不相信他们的能力。每当遇到这种情况,萨布瑞亚总会不厌其烦地劝说盲童家长,动员他们让孩子进入学校接受教育。在招生的

过程中,无论遇到多大的困难,一想到自己的梦想,她都会鼓励自己坚定地走下去。她相信,梦想真的能够把无边的黑暗变成一个彩色的世界。

在萨布瑞亚的努力下,学生渐渐多了起来,但他们的年龄差距很大,小的只有4岁,大的已经十七八岁了。为了满足不同年龄段孩子的需求,萨布瑞亚为他们设置了不同的课程:年龄小的孩子从基本的生活技能开始学起,年龄大的孩子则接受诸如音乐、医疗、看护、盲人按摩、手工编织等适合盲人职业的技能培训。不过,这些孩子都要学习汉语、藏语和英语。

为了让孩子们认识并掌握藏族的语言,萨布瑞亚将自己创制的藏语盲文系统地教给他们,并发明了藏盲文打字机,这些孩子也因此"有幸"成为西藏第一批能够阅读藏盲文的人。教室里,孩子们一边噼噼啪啪地敲打着盲文打字机,一边大声朗读着字母和单词。这些小小的圆点对普通人来说也许平常无奇,但对这些孩子而言,是一把把开启通向光明世界的钥匙。孩子们用心地触摸着指尖下的盲文,时而微笑,时而沉思,一个个曾经封闭的心扉就这样悄然打开了。经过一段时间的学习,他们不仅可以读、写,

可以使用盲文打字机、盲人电脑,还能熟练地运用汉、藏、英3种语言交流。令人欣喜的是,一些盲童转入常规学校后,成绩非常优异。"我能在黑暗里读书,你能吗?"这是一个孩子发出的骄傲声音。看到他们取得的这些成绩,萨布瑞亚无比欣慰。她知道,是孩子们让自己的梦想得以在西藏这片土地上实现。西藏盲童学校坐落在一座典型的藏式院落,酥油茶的香味与孩子们的笑声交织在一起。

每天,当拉萨的第一缕阳光照耀大地的时候,盲童学校的小小庭院就会洒满阳光。孩子们在光影里奔跑着、跳跃着,仿佛一个个自由的精灵。阳光投射在他们身上,那一张张小脸洋溢着幸福的光芒。萨布瑞亚轻快地上下楼梯,穿梭于各个房间,有如清晨的阳光充满生命力。虽然看不到眼前的一切,但是孩子们的笑声早已将她深深感染,而这也正是她无怨无悔在这里追梦的根源。虽然孩子们并不知道萨布瑞亚的模样,但是他们能感受到光明和爱。

如今,萨布瑞亚的学校已经培养了许多盲童。从这里毕业的孩子,有的开了自己的按摩诊所,有的做了翻译,还有的已经开始在盲童学校从事教育工作。萨布瑞亚表示,

自己现在最重要的工作就是培训当地盲童,她希望学校最终能够由西藏盲童接管。

由于萨布瑞亚为西藏盲童的教育和康复事业做出了巨大贡献,2000年,她获得德国政府授予该国公民的最高荣誉——金鹿奖;2005年,她获得诺贝尔和平奖提名;2006年,她荣获由中国政府颁发的"国际友谊奖";2009年,她站在《感动中国》的颁奖台上。当谈到在追求梦想的过程中自己发生的改变时,这位西藏盲童的光明使者由衷地表示:"这些孩子让我意识到人可以弥补严重的残疾,可以学会如何应对身体的缺陷。也许有一天他们终会克服这些缺陷,残疾不再是生活的障碍,这让我感到幸福。世界上所有人都应该学习这种精神。"

为给西藏盲童带去光明,这位来自德国的女孩来到异国他乡的雪域高原,用自己的青春、爱和梦想照亮孩子们前进的路。她看不到世界,可偏要给盲人开创一个新的天地。她从地球的另一边来,为一群不相识的孩子而来,她带来了光明和希望。

知识链接

路易斯·布莱叶 路易斯·布莱叶是现今世界通用的盲人及视觉障碍者使用的文字系统布莱叶盲字的发明者。他发明的布莱叶盲字由6个圆点组成,通过不同的位置排列,可表示出26个拉丁字母。布莱叶盲字的重要价值直到1868年才开始逐渐被人们认识。1879年,在德国柏林举行的国际盲人教师代表大会上,与会者决定采用布莱叶盲字进行教学。1887年,布莱叶盲字得到国际上的公认。现在,布莱叶盲字已经适用于多种语言,成为全世界视觉障碍者书面沟通的主要方式。

只要朝着阳光,便不会看见阴影。

——[美]海伦·凯勒

"中国人永恒的骄傲"

1958年8月的一天,时任中华人民共和国第二机械工业部(核工业部)副部长的钱三强,对一个34岁的青年人说:"中国要放一个大炮仗,要调你去参加这项工作。"这个年轻人就是邓稼先。1964年10月16日,中国第一颗原子弹顺利地在沙漠腹地炸响。这一声巨响中包含着太多不为人知的艰辛。

1924年6月,邓稼先出生在安徽省怀宁县。出生8个月后,就被接到了北京,因为父亲邓以蛰已经学成归国在北京大学任教授。邓稼先的童年是在阅读中外经典书籍的过程中愉快地度过的。中学时代的邓稼先十分喜爱数学和物理。在崇德中学上学时,他得到了比自己高两届的同乡杨振宁的帮助,学习成绩突飞猛进。也就是在这时,他平静的学习生活被日本帝国主义侵略者的枪炮声打破了。

1937年7月7日,卢沟桥事变爆发。22天后,北平沦陷了。占领北平的日军强迫市民游行,庆祝他们所谓的"胜利"。邓稼先无法忍受这种屈辱,13岁的他当众把一面日本国旗撕得粉碎,并扔在地上踩了几脚。这件事情发生后,邓以蛰的一个好友劝邓以蛰:"此事早晚会被人告发,你还是尽早让孩子离开北平吧。"无奈之下,邓以蛰让邓稼先的大姐带着邓稼先南下昆明,那里有南迁的清华大学和北京大学教授,还有众多的老朋友。临走前,父亲对他说:"儿子,以后你一定要学科学,不要学文,科学对国家有用。"这句话深深地烙在邓稼先的脑海里。

1941年秋天,邓稼先考上了西南联大物理系。西南联大物理系汇集了当时国内知名专家和学者。这里的名师严教让好学的邓稼先如鱼得水,他读书的劲头比中学时期更大了,各科目均成绩优异。1946年夏天,毕业后的邓稼先受聘担任北京大学物理系助教,回到了北平。在北平,他一边当助教,一边积极准备留学美国的考试。1948年,邓稼先顺利地通过了考试,前往美国普渡大学攻读博士学位。

在西南联大打下的坚实基础让他在美国的学习变得很轻松,邓稼先各门功课成绩优异,还拿到了奖学金。3

年的博士课程,邓稼先仅用了1年零11个月的时间便学完了,而且顺利地通过了答辩,获得了博士学位。美国政府打算用良好的科研条件、生活条件吸引他留在美国,他的老师也希望他留在美国,同校好友也挽留他,但邓稼先都婉言谢绝了。1950年,邓稼先收拾行李登船回国,回到了当时一穷二白的祖国。

　　学成归国的邓稼先成为中国科学院近代物理研究所的一名助理研究员。负责筹备组建核武器研究队伍的钱三强看中了他。

　　1958年8月,我国自主研发核武器的工作正式启动,年仅34岁的邓稼先成了带头人,其他的小组成员都是刚刚走出校门的大学生。当时,我国核武器理论研究工作是从零开始,这群年轻人面临的挑战可想而知。要知道,美国第一颗原子弹研制队伍中仅诺贝尔奖得主就有14人。而我国的研究人员是在中国西北的大漠深处风餐露宿,用最原始的办法探寻原子弹的奥秘。当时苏联前来支援我们的专家实行技术封锁,邓稼先等人并没有获得多少帮助。后来中苏关系恶化,苏联专家干脆全部撤走。邓稼先等人别无选择,只能自力更生。作为同行,杨振宁无法想象,没有外国人的帮助,年轻的中华人民共和国需要付出多少的艰辛才能让中国原子弹、氢弹的巨响震撼全球。

邓稼先把全部的心血都倾注到研究中去。他带着刚跨出校门的大学生,日夜挑砖拾瓦搞试验场地建设,硬是修出一条柏油路来,他们还在松树林旁建起了原子弹教学模型厅。在艰难的客观条件下,邓稼先挑起了研制原子弹的重任。为了帮助年轻人成长,邓稼先晚上备课,白天给年轻人补习专业知识。他还向大家推荐了一系列的书籍和资料,由于都是外文书,并且只有一份,邓稼先只好组织大家阅读,一人念,大家译,连夜印刷。

1964年10月16日,蘑菇云升起,这一天被历史铭记。制造第一颗原子弹时,科学家们用的都是最原始的工具,炼制炸药用的是铝锅,精确计算用的是手摇计算机、计算尺和算盘。

邓稼先等人前进的脚步没有因第一颗原子弹爆炸成功而停止。他们继续驻守在大漠深处,进行着新一轮的研究试验。1967年6月17日,中国第一颗氢弹又在罗布泊上空爆响。从第一颗原子弹爆炸成功到第一颗氢弹爆炸成功,中国仅仅用了两年零8个月时间。

1979年,在一次航投试验时出现降落伞事故,原子弹坠地被摔裂。在场的技术人员刚想询问邓稼先原因,却发现邓稼先正往试验场跑去。摔碎的弹片散落在荒地上,当班的防化兵还没有找到核心部件,他先找到了。作为物理

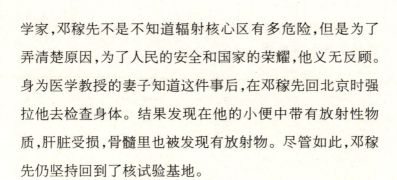

学家,邓稼先不是不知道辐射核心区有多危险,但是为了弄清楚原因,为了人民的安全和国家的荣耀,他义无反顾。身为医学教授的妻子知道这件事后,在邓稼先回北京时强拉他去检查身体。结果发现在他的小便中带有放射性物质,肝脏受损,骨髓里也被发现有放射物。尽管如此,邓稼先仍坚持回到了核试验基地。

1984年,距第一颗原子弹爆炸整整20年,他被评为国家级有突出贡献的专家。邓稼先在做完他人生中最后一次核试验后高兴地写下:"红云冲天照九霄,千钧核力动地摇。二十年来勇攀后,二代轻舟已过桥。"

1985年,邓稼先的癌细胞扩散,他回到了妻子的身边。他在医院住院363天,动了3次手术。每天他都十分痛苦,止痛的哌替啶从每天打一针到后来每小时打一针,全身大面积溶血性出血。在生命的最后时刻,邓稼先脑子里想的仍然是中国的核事业。

核物理学 "核物理学"是"原子核物理学"的简称,是研究原子核的结构、性质和变化规律的学科。广义的"核物理学"还包括宇宙射线、粒子物理、中子物理、带电粒子

及各种辐射与物质的相互作用等方面。核物理学是原子能科学技术的基础。

※ ※ ※

科学不是为了个人荣誉,不是为了私利,而是为人类谋幸福。

——钱三强

孕育"神舟"的戚发轫

2003年的一天,中国首个载人飞行的宇宙飞船"神舟五号"即将遨游太空,身穿白色宇航服的航天员健步走向飞船,一位头发花白的老科学家在发射任务书上郑重地签下了自己的名字——戚发轫。作为我国载人航天工程的元老、"神舟一号"到"神舟五号"飞船的总设计师,戚发轫的奋斗史就是中国航天事业发展的简史。

1933年,戚发轫出生在中国东北的一个农民家庭。在他四五岁的时候,日军占领了东三省,日本人在占领区强制推行"奴化教育",学生上课必须学习日语,对话也要使用日语。1945年,苏联红军解放了大连,戚发轫开始上中学。在第一堂课上,老师说:"我们的祖国叫中国,我们

是中国人!"对国籍一直懵懂无知的戚发轫突然感受到祖国的召唤,他仿佛一下子明白了很多事。

抗美援朝战争爆发时,戚发轫已经上高中了。他出现在后方抬运伤员的救援队伍中,望着受伤严重的志愿军战士,他毫不犹豫地伸出胳膊献血。看到丹东被炸,他担心大连被炸。老师告诉他,大连不会。为啥?大连驻扎的是苏联军队,"老大哥"有飞机。祖国不强大就要受人欺负啊!戚发轫立志要为祖国造飞机。

1952年,大学统一招生,19岁的戚发轫报考了清华大学航空系。戚发轫说他一生一共就填报过这么一次志愿,而他的选择是航空专业。当时正值全国院系调整,全部航空系都集中在北京,戚发轫先就读于清华大学航空系,后转入北京航空学院,在当时求学环境异常艰苦的条件下,他坚持将学业完成。

1957年,国防部第五研究院成立了。这是中华人民共和国成立以来第一个为研制导弹、火箭而专门成立的研究院。研究院成立初期,人才奇缺。当时没有学习导弹专业的人,只能找学航空的人。刚刚毕业的戚发轫服从国家分配,开始进行导弹研究,正式涉足航天领域。刚刚被分配到国防部第五研究院的戚发轫,虽说是去搞导弹研究

的,却从来没见过导弹。在由百十人组成的导弹研究骨干队伍里只有一个人见过导弹、研究过导弹,他就是中国空间技术研究院的第一任院长钱学森。钱学森成了这群年轻大学生的老师,中国的导弹研发事业就这样从一穷二白开始了。戚发轫就这样当了导弹技术兵。部队上要送他出国深造,可人家说他是军人,不行。脱了军装成了老百姓,人家还是不答应。出不了国就跟苏联专家学,可没几天专家就撤走了。这对戚发轫是很大的刺激,他深深地感到了落后的耻辱。这种刺激和耻辱使他坚定了科技报国的信念和攻关夺隘的决心。1962年,完全由中国人自己研制的第一颗导弹"东风一号"发射失败。当时,苏联专家走了,年轻的导弹研究团队缺乏经验。戚发轫和同事们的心理压力特别大,觉得国家花了那么多钱,大家花了那么多心血却惨遭失败,他们感到无地自容。知耻而后勇,在国家的支持和鼓励下,大家重新振作起来。1964年,"东风二号"终于发射成功。

就在戚发轫在导弹研制领域干得愈来愈得心应手的时候,1968年2月,专门负责卫星研制的中国空间技术研究院正式成立,他被当时负责卫星总体工作的孙家栋"点将",与另外17个人一起(人称"航天十八勇士"),经聂荣

臻元帅亲自批准,调入中国空间技术研究院,成为我国自行研制人造卫星"东方红一号"的技术负责人之一。

从这时起,戚发轫的工作正式从导弹研制转向卫星研制,这一年,戚发轫35岁。后来,随着我国把发展重点转向资源、气象、通信、返回式卫星的研制,戚发轫先后担任"东方红二号"卫星、"东方红三号"卫星等多颗卫星的总设计师。

当时的条件十分艰苦,试验条件简陋至极。"东方红一号"的4根3米长的天线是收缩式的,上天后要靠自旋甩开,轻了甩不开,重了又会甩出去,地面试验既需要一定的场地又很危险。戚发轫他们只好在一个破库房里进行试验。身手矫健的同事爬上房梁,骑在上面观察。戚发轫则拿木头制成的包装箱盖子挡着自己,透过箱盖的裂缝观察,一边躲闪一边记录。为了搞卫星研究,他和同事们一起夜以继日。1970年4月24日,"长征一号"载着"东方红一号"直上云霄,中国人自己研制的第一颗人造卫星发射成功了。它标志着中国开始进入宇宙空间,成为又一个自行研制和发射人造卫星的国家。

载人航天是人类扩大活动疆域、开发利用空间资源的重要手段,也是一个国家综合实力的象征。自

1961年苏联航天员加加林第一次进入太空飞行以后,载人航天就成为世界航天界最激动人心的追求。20世纪60年代末以来,在钱学森的领导下,中国空间技术研究院的工作人员对载人航天工程进行了不懈的探索,取得了丰硕的技术成果。

1992年9月21日,中国载人航天工程正式启动,戚发轫被任命为其中的核心工程"神舟"号飞船的总设计师,这一年,他59岁。担任飞船总设计师意味着已近花甲之年的戚发轫需要再次开辟新领域,意味着要承担更大的责任。在巨大的压力面前,戚发轫毅然选择服从分配,挑起了重担。

正当"神舟二号"飞船研制工作处在攻坚阶段时,戚发轫的夫人被确诊为肺癌晚期,医生预测她只有3个月到半年的生命。戚发轫看着自己相濡以沫的妻子,心情十分复杂,但是他最终还是选择了工作。白天搞科研,晚上加班工作,戚发轫总是叮嘱女儿去陪伴妈妈。就在"神舟二号"即将发射时,老伴高烧不退,连医生都建议他不要离开,戚发轫心里难受但还是选择了工作。他对老伴说:"家大国更大,这个任务需要我。"老伴十分理解他,说:"你走吧,这里还有医生,还有女

儿。"戚发轫忍痛离开了老伴。"神舟二号"发射成功了,戚发轫和老伴都深感安慰。当戚发轫作为总设计师指导研制的"神舟五号"载着我国的航天员进入太空时,他老伴已经离开了人世。

自1999年第一艘"神舟"飞船发射成功,到2003年的5年间,"神舟"飞船以平均每年一艘的速度成功发射,其研制速度之快、发射成功率之高,令世人惊叹。与此同时,在戚发轫等老专家的培养带领下,一批年富力强的航天人已经走上领导岗位,成为载人航天事业的栋梁。戚发轫说:"我没后悔过,我觉得能够参加这么一项伟大的事业是很自豪的事情。干事业总会有牺牲。航天事业的发展,需要我们这一代人,需要好几代人去支撑。如果再有一次这样的抉择,我还是会优先选择服务国家。"

中国载人航天工程　中国载人航天工程是我国空间科学实验的重大战略工程之一,于20世纪90年代初期开始筹划,并确定了"三步走"的发展战略。第一步,发射载人飞船,建成初步配套的试验性载人飞船工程,开展空间

应用实验。第二步,在第一艘载人飞船发射成功后,突破载人飞船和空间飞行器的交会对接技术,发射一个空间实验室,解决有一定规模的、短期有人照料的空间应用问题。第三步,建造空间站,解决有较大规模的、长期有人照料的空间应用问题。

✻ ✻ ✻

一个民族有一些关注天空的人,他们才有希望。

——[德]黑格尔

落榜"落"不下梦想

方文忠坐在讲台上,语气有些激动,说:"同学们,你们一定要记住,人哄地皮,地哄肚皮!"正是因为这句话,方文忠做了几十年的老师;正是因为这句话,方文忠爱上了老师这个职业;也正是因为这句话,方文忠培养出了一批又一批充满梦想的学生。他想,做老师是他这辈子最幸运的事情了,他能用自己的梦想创造学生未来的梦想。

有人说:上帝为你关上一扇门的时候,一定也为你打开了一扇窗。用这句话来形容方文忠是恰到好处的。高考可以改变一个人的命运,同样,高考落榜也可以改变一个人的命运。如果不是高考落榜,方文忠这辈子也许都不

会成为老师,当然,也不会有机会把自己的梦想传递给一批又一批学生。

新一年的高考马上要来临了,湖北省钟祥市洋梓中学的高三(1)班里,学生们为了应对20天后的高考而努力自习着。看着台下的学生们努力学习,方文忠露出会心的笑容,这让他再一次想起当年的自己。

1980年,念高三的方文忠凭着理科班年级前10名的成绩,被老师列为重点大学"有力冲击者"。那时也是高考前的复习,他的语文老师熊义新也是坐在他现在坐的位置上,看着学生们为了自己的梦想而努力。那年的夏天比现在要热得多,方文忠和其他同学一样满头大汗地和复习题做着"殊死搏斗"。

当时,方文忠的语文老师在台上对着他们说了一句话。他说:"你们今天的所作所为将会在你们今后的一生中体现出来。永远记住,人哄地皮,地哄肚皮,做人做事都是这个理儿。"对于在农村长大的方文忠来说,这句话再简单不过了,农民如果不想饿肚子,就要老老实实、勤勤恳恳地劳作,认真对待养育他们的土地,这样才能有所收获。可方文忠觉得,老师话里的深层含义,他并不明白。即便这样,他还是深深地记住了这句话。

走进高考考场的方文忠,没有辜负老师,也没有辜负家人,更没有辜负自己,他考出了全市第二的好成绩。父母给全村挨个磕头借大学学费,村里面没有出过大学生,村民谁都不敢保证大学生毕业了能比种地挣钱多,但是看在方文忠一家一辈子实诚的分上,村里凑够了让方文忠上大学的钱。

方文忠还记得那一天全村在村头等着邮递员,方文忠的父亲一直给村民道谢,说等文忠发达了一定不会忘了父老乡亲。邮递员来了,但是邮递员送来的不是录取通知书,送来的是退回的档案。方文忠落榜了。

一名学生走上讲台问问题,打断了方文忠的回忆。这名学生是班里的尖子生,就像当初的方文忠一样。学生问:"方老师,鬼斧神工这个词修饰的到底是人做的事还是大自然做的事?"方文忠笑笑并没有马上回答而是反问他:"你觉得呢,你的理解是什么?"学生想了想回答说:"我觉得应该修饰的是大自然。"方文忠继续问:"为什么呢?因为有鬼和神两个字吗?"学生明显是思考过的,回答说:"不完全是因为这个原因,我是觉得,能称得上鬼神能力的,只有大自然,人的能力再大,也达不到鬼神的程度。"方文忠认真地看着他说:"那我问你,你觉得一个听不见的人能不

能演奏音乐甚至创作歌曲?""那不可能!"学生马上回答。"那我再问你,一个师范学校毕业的人能不能成为军事家?""这太难了!"学生说。"我刚才说的,一个是贝多芬,一个是毛泽东。你觉得他们做的事情简单吗?"学生不由自主地回答:"这太难了。"方文忠对他说:"所以,不要看事情难做就觉得不可能,你能做的事情比你想象的要多。"学生心领神会:"老师我明白了。""那你现在还觉得鬼斧神工这个词只能修饰大自然吗?""不!我觉得相比起大自然来说,人做的事情更应该被称为鬼斧神工,谢谢老师。"看着这个孩子走下讲台,方文忠感到很幸福,当初他以为自己的一生都会被拘束在村里的田地间,是他的老师让他明白,人能做的事情还有很多,只要用心坚持梦想,就会有收获。

方文忠因小儿麻痹落下了残疾,左腿短一截,而且小腿别扭地向后折着。这就是方文忠没有被学校录取的原因。落榜之前,方文忠幻想过自己可能面临的种种困难,他本以为困难会从大学之后的生活开始。高考落榜前,方文忠的父母信誓旦旦向全村人保证自己的娃会出人头地,结果他们一家成了村里最大的笑话。方文忠十年苦读,却因为先天的原因而失败,一夜之间他失去了生活的目标。这个时候他的老师熊义新出现了。

熊义新是方文忠的语文老师,也是他们学校的校长。看到方文忠的失落、沮丧和自暴自弃,看到方文忠和村里的闲人一起挥霍时间,他知道他必须要帮这个孩子一把。那时,熊义新不顾学校其他领导和老师的反对,毅然决定,聘请方文忠为学校的语文老师。

眼见方文忠犹豫不定,熊义新问方文忠:"你还记得高考前,我跟你们说的那句话吗?"方文忠立刻回答:"人哄地皮,地哄肚皮。"看到方文忠还记得这句话,熊义新点了点头,又问:"那你知道我说给你们这句话的用意吗?"方文忠迟疑了一下,摇了摇头。熊义新拍了拍方文忠的肩膀,说道:"其实做人做事跟种地是一样的,我们对待事情也要像农民对待地皮那样。凡事都需要以诚相待,任何一种目标都需要用心浇灌,'地皮'对待任何人都是一样公平的。落榜是人生的一次磨砺,但它不应该'落下'你的梦想啊!"方文忠品味着老师刚才的字字句句,"是啊!我梦想还在'榜'上!"他抬起头,坚定地看着老师的目光说:"我去。"

就这样,方文忠开始了他的教师生涯。方文忠没有教学经验,也没有学过正统教学的方法,他便开始摸索语文教学之道。为了让学生喜欢语文,总是想着法子让他们自觉参与到教学活动中,提高课堂效率。他上每堂课总是先把学生兴趣调动起来,对表现突出的学生,有时还奖励一

本练习本什么的。东西虽小,但鼓励的作用却大。

之后的几年,方文忠在先后工作过的4所农村中学组织学生开展文学活动,拄着拐杖和他们一起到校外采风,和学生讨论、修改习作,编辑文学社社刊。看到学生们一篇篇质朴的文章,就像采矿工人发现了宝藏,兴奋、喜悦。方文忠自己讲道:"说实话,办文学社很辛苦。业余时间,别人在休闲、聊天,而我要和学生交流,忙着办社刊。不过,看到学生发表习作后的高兴样子,看到学生一个个变得自信,辛苦就都化作了欣慰。"方文忠在洋梓中学担任北门湖文学社辅导老师20多年,看到学生先后发表的800多篇习作,看到北门湖文学社成长为"全国百家优秀文学社",他感到无比幸福!

方文忠把自己的梦想,变成了教育的动力,把梦想传递给更多的学生。他仍然记得自己老师熊义新当初的话:"落榜是人生的一次磨砺,但它不应该'落下'你的梦想!"

下课铃响起,学生们还沉浸在复习之中不愿停下。方文忠笑笑拄起自己的木棍,一瘸一拐地离开教室。方文忠身后留下的,是他作为教师的梦想;而教室里面,充满了每一个学生不同的梦想。方文忠和学生们的梦想,便是祖国教育的未来。

人哄地皮，地哄肚皮　"人哄地皮，地哄肚皮"是农村的一句谚语。劳作的人耕地、播种、除草、施肥、浇水都应付差使，叫"人哄地皮"；结果地里的庄稼长势差，产量低，最后使人吃不饱，叫"地哄肚皮"。

✽　✽　✽

不要只因一次失败，就放弃你原来决心想达到的目的。

——［英］莎士比亚

杂技演绎不了情

杂技具有独特的艺术魅力,吸引了一代代人为杂技艺术而献身。还记得那个在"中国达人秀"上表演水晶球之舞的帅小伙儿吗?那透明的水晶球时而飘浮在空中,时而在他的肩臂上柔和而顺畅地滚动,仿佛有了生命一般。他就是美籍华人胡启志。

胡启志自幼就在心中埋下"杂技梦"的种子,并且为了心中这个永恒不变的梦想,不断拼搏,饱尝艰辛。

1981年出生于美国的胡启志,拥有第一代移民台湾的父母。他本可以顺利地从大学毕业,找份电脑工程师的工作安稳度日。但是他"从小就有怪怪的梦,一是到少林寺学功夫,二是学表演"。所以听从内心的号令,他决定坚持追寻心中的梦想。

十七岁高中毕业那年,胡启志不顾父母的反对,毅然离开美国新泽西的家,到世界各地流浪,踏上了寻梦之路。他在欧洲旅行了四年,去过欧洲三十多个国家。在这期间,他吃尽了苦头。没有钱付马戏学校的学费,只好靠当餐厅的清洁工来挣钱。最艰难的时候,他一天只能吃一个面包。他得不到包括父母在内的其他人的援助与支持。

经历了重重困难和打击,胡启志后来回忆说:"有时候也觉得很惨,想着还不如回家,最起码吃住不愁。可是,我又不愿意一事无成地回去。"也许正是这股被"逼出来"的自尊,让他坚持了十多年。在这期间,他学会了火技,摸索出"魔幻水晶球"的表演技法,完备了"大环特技",甚至还到少林寺学了三个月的散打,并立志做一名街头艺人。

四年的欧洲打工经历使他发现"结伴上街表演杂技,比在饭店当清洁工有趣,也好赚钱"。二十二岁那年,经过申请,胡启志得以进入丹麦的表演学校,进行系统化学习,也结识了许多朋友,他不再感觉到孤单。

然而,在表演学校的课程虽然扎实多样,但一对一的训练收费高昂,自力更生的胡启志不到三个月就无法承受这一沉重的经济负担。他决定与一同练习"双人特技"的伙伴前往俄罗斯,"那里的学费及生活费很便宜,可以安排一周八小时的密集训练。我们还计划学成后要一起进

行旅行表演,扬名世界!"

胡启志在俄罗斯苦学了三个月。为了解决生计问题,他决定先到台湾"当英文老师,存点钱,再想下一步"。在这个几乎没有杂耍社群与学习资源的土地上,他开启了"一个人上街头"的生涯。

受过专业训练、在欧洲拥有丰富街头表演经验的胡启志在台湾初次单枪匹马走上街头时,却显得很紧张。他说:"身旁没有同伴,自己成了唯一的焦点,却能直接看到每个人的表情反应。"为了挑战自己,为了生存,更为了心中的杂技梦想,胡启志终于勇敢地站到了台北市西门町街头,开始了他的首场"个人秀"。让他意想不到的是:他的表演迎来了观众热烈的掌声,这让他"如释重负",也让他对自己充满信心。

然而,在精彩的演出背后,是无数次的摸爬滚打与累累伤痕。现在,胡启志身上仍有不少伤痕,"最严重的伤是肩膀韧带裂开了,直到现在还不是太正常"。另外,额头、下巴都缝过针,肘部有积水,手指头变形,脊椎是歪的,骨盆也是歪的……不过,说起这些伤痛,他却显得异常轻松。他说:"偶尔,我也会因为长时间练习而感到疲倦。然而,至今我想不到有什么事情会比杂技更能让我满足。"

可以说,正是由于这种对梦想的执着追求精神,才有了胡启志那些完美而精彩的杂技表演,才使他取得了那些让人瞩目的艺术成就。

2011年,胡启志走上了"中国达人秀"的舞台。演出当晚,胡启志阳刚的外形与优雅的水晶球表演形成了强烈反差。胡启志以其娴熟的刚柔并济的技巧,让观众体验到了杂技艺术的无限魅力。这场精彩的表演让观众看得屏气凝神,也让评委伊能静大为感叹:"水晶球到了他的手中,仿佛有了生命,与他合二为一了。我感受到了那个境界,好感动,眼睛也湿湿的。"没有悬念,三位评委毫不犹豫、一致给出了"YES"。

在参加完"中国达人秀"节目以后,他又在2011年10月参加了"第十三届吴桥国际杂技艺术节"闭幕式的演出,并以诗意而完美的大环特技表演赢得了全场观众热烈的掌声。

闭幕式上,胡启志光头光脚光上身,着白裤,推着一个直径两米左右的大钢环缓缓步入舞台中央,仿佛一个远古时代的修行者。音乐响起,他和钢环翩翩起舞。推环、上环、旋转,只见他双手、双脚贴在与人同高的环上,一圈、两圈,仿佛一枚打转的铜板快速地旋转着,变换各种飞跃姿势,又来个横向三百六十度的车轮转,然后愈转愈倾斜,最后以两手两脚为支点,下俯式贴地快转。那一刻,仿佛人环合一,钢环也有了生命。面对此景,观众高呼:"太震撼

了!""他仿佛让钢环有了生命!"

表演结束后,面对记者的采访,胡启志腼腆地说:"八年前,我在丹麦的时候就听说过吴桥杂技节。这是个杂技人的殿堂,能参加闭幕式的表演,是我的荣耀。能作为特邀嘉宾来闭幕式表演,感觉自己就像到了殿堂一样。"

这就是胡启志,一个向往自由的人,一个不断完善自我、超越自我的人,一个为了心中的梦想宁愿付出汗水的人。他曾说过,"谁都有梦想。如果没有梦想,还不如死掉"。但梦想不是儿戏,只有付出艰辛的劳动才会实现。追逐梦想的过程,往往令人回味无穷。正如胡启志所言:"杂技表演让我乐在其中。这一次'中国达人秀',我不是为了比赛而来,而是为了享受。"的确,他真真正正地享受了杂技表演的过程,享受了追逐梦想的过程。他收获的不仅仅是荣誉称号,还有自我杂技梦的实现!

杂技艺术 杂技艺术在中国已经有两千多年的历史。杂技在汉代被称为"百戏",在隋唐时被称为"散乐",唐宋以后为了区别于其他歌舞、杂剧,才将之称为"杂技"。杂技艺术自产生以来,不仅在国内广受欢迎,而且远播国外,在国外也产生了较大反响,并成为中国文化和和平友谊的

使者。近半个世纪以来，中国杂技演员的足迹遍布世界，在五大洲的一百多个国家留下了他们的艺术风采，甚至一些当时尚未与中国建交的国家也都欢迎中国杂技团前往演出，并在中国杂技演员的艺术表演中感受到中国人民的友谊，进而加快与中国友好交往的进程。

❋ ❋ ❋

少而好学，如日出之阳；壮而好学，如日中之光；老而好学，如炳烛之明。

——（西汉）刘向